Arno Backhaus

Arnos Koffergeschichten

Bunte Anekdoten aus meinem Leben
als Musiker, Muntermacher und Mensch

Bestell-Nr.: RKW 5037

© 2023 Kawohl Verlag, 46485 Wesel
Alle Rechte vorbehalten

Titelbilder: Getty Images / tugores34 &
Bundes-Verlag / Nathanael Ullmann (Porträt)
Innenbilder: A. Backhaus privat,
S. 64 Bundes-Verlag / Nathanael Ullmann
S. 89 Daniel Harter,
S. 116 Getty Images / artisteer
Illustrationen:
Getty Images / Polina Tomtosova & Anna Leskinen

Lektorat und Gestaltung: RKW / J. Dörr
Druck und Verarbeitung:
Drukarnia Dimograf, Bielsko-Biała, Polen

ISBN 978-3-86338-037-3   www.kawohl.de

Arno Backhaus

Arnos Koffer-Geschichten

Bunte Anekdoten
aus meinem Leben als
Musiker, Muntermacher und Mensch

kawohl

Damit fing alles an:
Eine alte Laute,
die Saiten im Dreiklang gestimmt.
So konnte ich spielen,
ohne einen Griff zu können…

Inhaltsverzeichnis

Vorwort **11**

Arno Backhaus – von außen betrachtet **13**
Wer ist Arno Backhaus? 13
Kindheit & Schule 13
Glauben & Werden 15
Freunde & Familie 16
Beruf & Berufung 17

Arno & Andreas ... und andere **21**
Konzert im Bombentrichter 21
Fake-Protest bei „The Lighters" 21
Das Klo neben der Bühne 22
Macht hoch die Tür … 23
Die Entführer von Hanns Martin Schleyer 23
Who is WHO? 25
Zigaretten aus der Jackentasche 26
2.000 Vorbestellungen 27
Sonne & Schallplatten – nicht gut! 28
Das ging in die Hose 28
Ich kleb dir eine! 29

Solo unterwegs **30**
Wer sucht, der findet 30
Die Zitterpartie auf der Autobahn und am Telefon 31
Nicht zur Nachahmung empfohlen 32
Schnapsfläschchen in der Schulaula 33
Können Sie auf 9 Millimeter herausgeben? 34
Im Land der Frühaufsteher 35

Raubtierfütterung im Schwarzwald 35
In 50 Jahren „Bühnen"-Präsenz 36
Glaub nicht jeder Gastgeberin 37
Park nie dein Auto an der Kirche 37
1.000 km für die Katz 38
Weg vom Böcke bespaßen 41
Eine farbverlaufende Besucherin 42
Sie ziehen sich aber noch um?! 43
Nur mit Talar! 44
Dem Fisch muss der Wurm schmecken 45
Oh Mann, peinlich! 46
Gefahr für Hochschwangere 47
Schilderstreich 47
Schlips gewünscht 48
„Innen drin doch ganz nette Menschen"? 49
Ein vollgepacktes Vortragsleben 50
Interne Hintergrundinfos 51
Gottes Umweg mit einem 50 €-Schein 55
Zweideutige Einladung zum „Kennenlernen" 56
Eine reichlich genervte
Künstlerpersönlichkeit des Jahres 57
2008 – Ein Jahr der Wechselbäder 59
Geballte Ladung Gewalt und Leid 60
Warten auf Auftrittstermine 62

Arno & Hanna **64**
Gnadenhochzeit 64
Verletzte Aufsichtspflicht 64
Autodiebstahl 66
Fotos missbraucht 67
Ladies first, James last! 68
Die Polizei, mein Freund und Helfer 69

Ein undankbares Ende 72
Rettung im letzten Moment 73
Das verrückteste Wochenende seit langer Zeit 74
Park nie Geld im Handschuhfach 80
Ein „ruhiger" Abendausklang 81
Einfach genial 83

Arno & Hanna auf Korsika 84
Just in time 84
Schlüsselerlebnis auf Korsika 85
Ein schockierender Ringkampf 87
Notlandung 88
Machen Sie das nie wieder! 88
Heiratsantrag über dem Meer 89

Arnos Bauchladen 90
Unkonventionelles Geschäftsgebaren 90
Worin ich mich vielleicht
von anderen unterscheide 93
Briefmarken im Angebot 95
Taufheft 96
T-Shirts gegen den Zeitgeist 98
Ratschläge für Diebe 100
Wenn der Geist Gottes weht 100
Bau nicht den Plattentisch auf den losen Sand 101
Hunde-Schokolade 101
Neues aus der Gerüche-Küche 102
Kriminelle Machenschaften? 103
Selbstbedienungskasse 104
Weihnachten am 24. Juni 105
Verrückte Namen 106

Jungschar mit Arno **109**
Das ist ja Bombe! 109
Ganz schön abgefahren! 109
Hochwasser mit Tiefgang 111
Frech gefragt – eiskalt gewonnen 113
Glaub nicht allen Entführungen 114

Ganz persönlich **115**
Ich soll die Frau loslassen? 115
Und nicht vergessen:
Zu Lebzeiten schon mal den Löffel abgeben 115
Arno Backhaus im Glückskeks 116
Der Mensch lebt nicht vom Brot allein 117
Die Welt ist kleiner als man denkt 118
Beleidigte Kamele 119
Ökumenische Stroh-Christen? 119
Einfach bombig 120
Wallfahrt 121

Vorwort

Im November 2023 feierte ich mein 50-jähriges Bühnenjubiläum. Ich kramte in meinen Koffern und fand in meinen Notizen Skurriles, Lustiges, Verrücktes, Trauriges und Ernstes. Vieles, was ich über die Jahre erlebt habe, ist unglaublich und doch wahr. Das musste einfach mal aufgeschrieben werden. So viel Tragisches, so viel Herrliches – und so viel unfreiwillige Lebens-Komik! Manches hat mich nachdenklich werden lassen, anderes ließ mich einfach nur laut lachen, weil es hinreißend himmlisch war.

Die besten Witze erlebt man übrigens, wenn man über sich selbst lachen kann. Und so plaudere ich auch manches aus, was andere vielleicht lieber für sich behalten würden. Und weil ich auch sonst ein buntes Leben führe, habe ich noch ein paar ganz private Anekdoten eingestreut.

Dass ich diese Ereignisse körperlich, menschlich, finanziell und geistlich überlebt habe, habe ich nur Gott zu verdanken! Ohne die bewusste und oft unbewusste Hilfe Gottes und sein Eingreifen, säße ich heute nicht hier und würde dieses Buch schreiben.

Arno Backhaus

Übrigens:
Einige Geschichten sind nur auf dem Hintergrund zu verstehen, dass es damals noch keine Handys gab, kein Internet, keine Navigationsgeräte im Auto etc. So mussten Orte mit Landkarte und Wegbeschreibungen mühsam gefunden werden. Und wenn etwas schieflief, konnte man sich nicht eben mal absprechen.

Arno Backhaus – von außen betrachtet

Über die Jahre sind viele Artikel über mich oder Interviews mit mir oder mit mir und Hanna, meiner Frau, erschienen. Einige davon hat der Kawohl Verlag zusammengefasst, um zum Einstieg einen kurzen Überblick über mein Leben zu geben.

Wer ist Arno Backhaus?

Arno Backhaus ist nicht leicht zu beschreiben. Der christliche Entertainer, Liedermacher, Referent, Autor etc. passt in keine Schublade. Vielfältig begabt und unermüdlich kreativ lebt er aus ganzem Herzen seinen festen Glauben an Jesus sowie die Leidenschaft, diesen Glauben weiterzugeben. Seine eigenen Beschreibungen sprechen Bände: „aktiver Liedermacher", „fröhlicher E-fun-gelist", „ganzheitlicher Missio-Narr", „begeisterter AD(H)Sler", „sprühender Idee-alist", „verrückter Aktionskünstler", „kreativer Spieleerfinder", „merkwürdiger Au-Tor", „Bauchladen-Besitzer", „erfolgreiche Humorfachkraft" oder ganz schlicht und einfach als „erfüllter Christ". Ein Ausnahmetyp!

Kindheit & Schule

Geboren wurde er am 27. November 1950 in Frankenberg/Eder. 1955 zogen die Eltern mit ihm und seiner älteren Schwester nach Kassel, wo sein Vater als Verwaltungsangestellter am Regierungspräsidium arbeitete. Der Wechsel in die Großstadt war für den Jungen mit dem unbändigen Bewegungsdrang schwierig. Aus Langeweile entstand oft Blödsinn. Das auffällige Verhalten sorgte schon im Kindergarten für Probleme. In der Grundschule fiel er als Störenfried und Klassenclown auf, den die Lehrer als lästigen Unruhestifter, Grenzüberschreiter und Provokateur sahen. Auch die Mitschüler beäugten ihn mit Argwohn, mal mit Bewunderung, mal mit Verwunderung. Er blieb ein Einzelgänger ohne wirkliche Freunde. Und zum Lernen hatte er keine Lust. Leichtgängiger wurde es auch später nicht. Hilflos reagierten die Lehrer mit Strafmaßnahmen auf den Problemschüler, der nach mehreren Schulwechseln 1966 schließlich nach der achten Klasse abging und eine dreijährige Lehre zum Großhandelskaufmann begann.

Auch sonst liefen Arnos Kindheit und Jugend nicht gerade glatt. Das unangepasste Kind sorgte ständig für Ärger, log, stahl, eckte überall an und kostete die Eltern viele Nerven. Der Vater war ruhig und friedliebend, die Mutter hingegen jähzornig, rechthaberisch und duldete keinen Widerspruch. An Arno verlor sie kein gutes Wort, sondern malträtierte ihn mit Vorwürfen und prügelte brutal und hemmungslos auf das Kind ein – mit Holzkleiderbügeln, Lederriemen oder dem Teppichklopfer – oder sperrte ihn in den dunklen, feuchten Kohlenkeller ein. Liebevolle Zuwendung, Trost, Ermutigung, Wertschätzung hingegen gab es nie.

Glauben & Werden

Gottesdienste und Sonntagsschule kannte Arno als langweilige Pflichttermine. Das sollte sich ändern, als er 1966 an einer Jugendfreizeit des baptistischen Gemeindejugendwerks Hessen-Siegerland teilnahm. Hier lernte er ein ganz anderes Christsein kennen, das nicht in erster Linie von Regeln und Konventionen geprägt war, sondern viel Raum für Fröhlichkeit und Spaß ließ. Ausgerechnet ein Wettrülpsen zwischen einigen Jungs und einem der Freizeitleiter führte zu einem langen Gespräch und schließlich zu Arnos Bekehrung. „Allmählich begriff ich", so Backhaus, „dass Jesus mich liebte. Mir wurde klar: Dieser mir bis dahin unbekannte Gott, der Schöpfer des Universums, wollte mit mir (…) eine persönliche Beziehung haben. Unvorstellbar." Und auf diese Beziehung ließ er sich ein.

Auch wenn das die entscheidende Wende in seinem Leben war, folgte ein (manchmal schmerzhafter) Lern- und Heilungsprozess der bisherigen destruktiven Denk-, Einstellungs- und Verhaltensmuster. Ein weiteres Schlüsselerlebnis folgte etwa zwei Jahre nach seiner Bekehrung: Wenige Wochen, nachdem er dem Leiter seiner Jugendgruppe „Eve of Destruction" von Barry McGuire vorgesungen und als eigenes Werk verkauft hatte, meinte dieser beiläufig: „Ich habe übrigens dein Lied im Radio gehört." Statt mit Triumph und Vorwürfen quittierte der Leiter seine Entdeckung nur mit einem gelassenen Lächeln. Ein so bedingungsloses Angenommensein überwältigte Arno. Ab sofort log und stahl er nicht mehr und machte sich auf den mühsamen Weg, das zugefügte Unrecht wieder gutzumachen und sich zu entschuldigen.

Freunde & Familie

Seine geistliche Heimat fand er in einer christlichen Jugendgruppe im Dorf Calden/Meimbressen wenige Kilometer vor den Toren Kassels. Sie war „mit Jesus Christus mitten im Leben. Weltoffen. Leicht verrückt. Missionarisch und humorvoll." Die Gruppe war baptistisch geprägt, aber überkonfessionell ausgerichtet und verband missionarische Gesinnung mit sozialem Engagement und Fröhlichkeit mit geistlicher Tiefe.

In diesem neuen emotionalen Zuhause war er von Anfang an willkommen. Die Wochenenden gehörten bald ganz der Gruppe und deren Aktivitäten. Und schließlich verliebte er sich in Hanna, die Schwester des Jugendleiters. Grundverschieden in ihren Persönlichkeiten und von völlig unterschiedlicher familiärer Prägung fanden die beiden zusammen und heirateten 1972. Sich in ihrer Andersartigkeit aufeinander einzulassen und das Leben miteinander zu gestalten, brachte viele Konflikte mit sich. Die gemeinsame Grundlage aber war und blieb ihr Glaube und die Bereitschaft, Gott zu dienen und sich von ihm gebrauchen und verändern zu lassen. Vieles von dem, was sie miteinander durchgemacht und aneinander gelernt haben, haben sie über die Jahre auch an andere weitergegeben, sei es in gemeinsamen Veranstaltungen oder gemeinsamen Büchern.

Das Paar bekam drei Kinder. Bei einem davon zeigten sich massive Verhaltensauffälligkeiten. Als Anfang der 1990er Jahren die Diagnose AD(H)S (Aufmerksamkeits-Defizit-/Hyperaktivitäts-Syndrom) gestellt wurde, war der Begriff noch neu. Und in der Beschäftigung damit wurde Arno klar, dass er selbst gleichermaßen ein Betroffener war. Neben den gesellschaftlich kritisch betrachteten Symptomen wurden ihm aber zugleich die positiven Seiten bewusst und wie sehr diese ihn kennzeichnen: ein hohes Maß an Kreativität, ausdauernde Energie, Empathie und einiges mehr. Auch zu diesem Thema ist er ein gefragter Referent und Autor aus der Betroffenen-Perspektive. „Gott, meine Frau und das ADHS sind die Dinge, die mich am meisten geprägt haben. Denen habe ich alles zu verdanken", sagt er selbst.

Beruf & Berufung

Aus dem ehrenamtlichen Engagement in Meimbressen entstand die Motivation, Sozialarbeit zu studieren. So holte Arno nach der Ausbildung zum Großhandelskaufmann die Mittlere Reife nach und machte sein Fachabitur. Nach dem Zivildienst begann dann 1972 sein Studium in Kassel. Mehrere Jahre lang organisierte und leitete er danach einen innovativen Abenteuerspielplatz in einem sozialen Brennpunkt.

Und auch musikalisch kam etwas in Bewegung: Ende der 1960er inspirierte ihn ein Konzert des französischen Dominikanerpaters und Liedermachers Père Cocagnac zum Vortragen dessen Lieder in Jugendgruppen.

Schon bald galt er in der christlichen Jugendszene Nordhessens als „musikalischer Geheimtipp".

In Korbach und Arolsen entstand zu dieser Zeit die missionarische „Initiative Junger Christen" und deren Chor und Band. Während der Chor sich rasch wieder auflöste, blieb die Band bestehen und eines der Bandmitglieder war Andreas Malessa.

Diese Band wiederum wurde vom jungen Produzenten Siegfried Fietz 1972 engagiert, um Arnos erste Single „Sing & Pray" beim Hermann Schulte Verlag Wetzlar zu begleiten. So kam es dazu, dass Backhaus in die Band einstieg, die nun quer durch Deutschland unterwegs war zu Konzerten in kleinen Teestuben und großen Hallen – und das neben den Jobs und Ausbildungen. Rückblickend erinnert sich Backhaus: „Wir gehörten zusammen mit ein paar anderen zu den ersten in Deutschland, die christliche Popmusik machten. Alles war Pionierarbeit – neu, faszinierend, fremd. ... Aufbruch lag in der Luft. ... Wir waren eine der wenigen christlichen Bands in Deutschland, die deutsche Texte sangen. Das Wort ‚Band' reichte damals schon, um Hunderte von Jugendlichen anzuziehen."

Nach etwa zwei Jahren löste sich die Band auf. Andreas Malessa zog zum Theologie-Studium nach Hamburg. Doch auf Bitten eines Veranstalters kam es – ausnahmsweise – zu einem Konzert von Malessa und Backhaus, das so viele weitere Anfragen nach sich zog, dass sie unter dem Namen „Arno & Andreas" regelmäßig auftraten, später teilweise begleitet von der „Dieter Falk Band" (u.a. Dieter Falk / Keyboard, Martin Stoeck / Schlagzeug, Dieter Roesberg / Gitarre, Folker Albrecht / Bass). Anfang der 1980er Jahre war die Nachfrage so hoch, dass die beiden sich entschlossen, das Hobby zum Beruf zu machen. Malessa arbeitete zusätzlich noch als freier Hörfunkjournalist, während Backhaus seinen „Bauchladen" betrieb. Bereits in den Siebzigerjahren hatte er begonnen, bei Konzerten Schallplatten von amerikanischen christlichen Popgrößen und Buttons, Aufkleber, Poster etc. anzubieten. Daraus entstand der noch heute bestehende Versandhandel „Arnos Bauchladen".

Das Markenzeichen von „Arno & Andreas" war ein „Mix aus Tiefgang und Klamauk, Ernsthaftigkeit und Humor" und das mit interessanten Texten und vielfältiger Musik auf hohem Niveau. Nach sechs LPs/CDs und ungezählten Konzerten – immerhin ca. 120 pro Jahr! – löste sich das Duo mit einem Abschiedskonzert vor 5.000 Besuchern am 8. September 1991 auf.

Arno ist seither solistisch unterwegs als Liedermacher, Autor, Referent und Aktionskünstler. Besonders bekannt sind seine kreativen evangelistischen Aktionen an belebten Orten, mit denen er mutig und unerwartet gleichermaßen irritiert wie auch neugierig macht. Über 200 missionarische Aktionsideen hat er so in ganz Deutschland ausprobiert und kam mit unzähligen Menschen ins Gespräch über Gott und die Welt.

Aber auch in seinem direkten Umfeld im nordhessischen Meimbressen entfaltete sich die Wirkung der Familie Backhaus. Aus einem langjährigen Hauskreis ging eine rege Kinderarbeit mit einer Jungschar und regelmäßigen Ferienspielen hervor. Daraus entstand ein weiterer Hauskreis und ein Frauengesprächskreis und aus den immer größer werdenden „Ökumenischen

Hauskreisen Meimbressen" entstand schließlich eine neue konfessionsübergreifende Gemeinde auf theologischer Grundlage der Evangelischen Allianz. Eine Diskothek wurde umgebaut zum Gemeindezentrum der „Christus-Gemeinde am Airport", die auch besonders die Bedürfnisse ihres Dorfes im Blick haben möchte.

Als bunter Hund und kreativer Kopf hat Arno Backhaus die christliche Welt um viele Ideen und neue Sichtweisen, um wunderbare Texte und unzählige persönliche Begegnungen bereichert. Und als Mensch, der über sich selbst lachen kann, lädt er mit diesem Buch auch alle anderen ein, an seinem manchmal ganz schön verrückten Leben teilzuhaben.

Arno & Andreas ... und andere

Konzert im Bombentrichter

In den 70er Jahren war ich mit der Gruppe „Suppensalz" in England auf Tournee. Neben einem Konzert in einem kleinen Musikclub am Trafalgar Square in London spielten wir auch ein Konzert etwas außerhalb in einem Amphitheater. Wie sich später herausstellte, handelte es sich um einen ehemaligen Bombentrichter aus dem Zweiten Weltkrieg, der zu Freilicht-Theater umgebaut worden war. Als wir das hörten, war uns schon ein bisschen mulmig zumute.

Fake-Protest bei „The Lighters"

Der holländische Chor „The Lighters" war 1975 mit Band auf Deutschland-Tournee. Ich begleitete die Truppe zu einer Zeit, zu der mich noch nicht viele kannten und zu der es unendlich viele Streitgespräche um christliche Pop- und Rockmusik gab. Bei einem der Konzerte im frommen Siegerland tat ich so, als ob ich ein ganz normaler Konzertbesucher wäre, unterbrach „spontan" gleich am Anfang ein Lied und protestierte, dass solche Rockmusik und die christliche Botschaft nicht zusammenpassten. Das Publikum war verwirrt und verärgert über mich. Ad Everaars, der Leiter des Chores, diskutierte mit mir eine Weile und fragte mich, was denn besser zur christlichern Botschaft passen würde. Ich wirkte etwas irritiert und tat so, als ob ich ein Lied spontan vortragen würde, nämlich „Let the sunshin in" aus dem Musical „Hair" – aber viel rockiger und fetziger als die ersten Lieder von „The Lighters".

Jetzt war das Publikum erst recht verwirrt. Nicht jeder hat es kapiert, dass das Ganze nur gestellt war und manche haben mir am Ende dumme Fragen gestellt.

Das Klo neben der Bühne

Ein Fan schrieb uns: *„Ich habe einen Ordner mit fast allen Veranstaltungsflyern seit 1976 (Garth Hewitt). Die erste Veranstaltung mit Arno & Andreas fand in der TASV Halle statt, einer alten Sporthalle. Der Eingang zu den Toiletten war direkt neben der Bühne. Ihr kamt rein und es roch auf der Bühne entsprechend: Jetzt ins Auto und nichts wie weg, habt Ihr wohl gedacht. Du kamst dann auf einem Skateboard durch den Mittelgang als Auftakt zum Konzert. Noch ein Ausspruch an diesem Abend: ‚Kann jemand einen Satz mit hatada? Neulich war ich in Wuppertal, hatadajerechnet.'"*

Macht hoch die Tür ...

Wir fuhren als Band mit drei Autos zum Veranstaltungsort. In unserem R4 hatten wir die Rückbank ausgebaut und dafür unser Schlagzeug untergebracht. Mitten auf der Autobahn, kurz vor Dortmund, öffnete sich unsere Heckklappe langsam und stand sperrangelweit auf. Wir bekamen einen mächtigen Schrecken, denn wäre unser Schlagzeug auf die Autobahn gestürzt, hätte das am Freitagnachmittag im Berufsverkehr üble Folgen gehabt. Wir waren Gott dankbar, dass alles im Auto blieb, haben sofort angehalten, neu sortiert und die Heckklappe gut verschlossen. Wir sagten später immer mal wieder untereinander „Halt doch mal die Klappe!"

Die Entführer von Hanns Martin Schleyer

Am 5. September 1977 wurde der Arbeitgeber-Präsident Hanns Martin Schleyer von der Roten Armee-Fraktion (RAF) entführt. Ende September vermuteten das Bundeskriminalamt und der Verfassungsschutz, dass die Terroristen den Entführten in einem Lieferwagen gefangen hielten. Ihre Forderungen kamen in schneller Folge aus unterschiedlichen Orten. Soweit die Vorgeschichte.

Ahnungslos lotsten wir (Arno & Andreas) in einem alten Volvo mit Hamburger Kennzeichen das englische Folk-Trio „Nutshell" (u. a. mit Paul Field) in ihrem Bedford-Transporter mit britischem Kennzeichen durch Deutschland von Konzert zu Konzert. Andreas Malessa war kurz vorher in München der Pass gestohlen worden und so geriet er, ohne sein Wissen natürlich, in die Rasterfahndung. Andreas und ich trafen uns mit „Nutshell" an einer Autobahnraststätte in der Nähe von Siegen, ohne zu ahnen, dass wir von dort an von Sondereinsatzkräften der Polizei beschattet wurden.

Am 4. Oktober 1977 nachmittags, zwischen Kassel und Eschwege, hefteten sich zwei Polizeiwagen in Zivil an unsere Fersen. An einer engen Stelle der Bundesstraße war plötzlich die Straße gesperrt. Wir hielten an und sahen hinter den Bäumen Scharfschützen kauern. Einer brüllte durchs Megaphon: „Aussteigen! Hände aufs Autodach!" Vorsichtig kamen sie aus der Deckung. „Entleeren Sie ihre Hosentaschen!", brüllt uns ein Polizist mit Maschinengewehr im Anschlag und zitternder Stimme entgegen.

Andreas hatte gerade mal ein Gitarrenplättchen in der Hose und warf das auf die Straße. Wir anderen konnten nichts beisteuern, weil unsere Taschen leer waren. Mit Knarre im Anschlag tasteten uns die Polizisten ab. Heather Barlow, eine der Sängerinnen von „Nutshell", fing an zu weinen. Als zwei Bewaffnete den Transporter hinten aufmachten, sahen sie Schallplattenkartons, Gitarrenkoffer, Soundboxen, aber keinen gefesselten Hanns Martin Schleyer.
Die Situation entspannte sich. Ein Polizist nahm den Helm ab, steckte sich eine Zigarette in den Mundwinkel, aber seine Hände zitterten zu sehr, um sie anzuzünden. Ich gab ihm Feuer. Hinter uns und vor uns an der Straßensperre hatten sich lange Staus gebildet. Die Leute stiegen aus und einer rief: „Se hamse, se hamse !" Seither wissen wir die Unschuldsvermutung als hohes Rechtsgut zu schätzen!

Who is WHO?

Im Februar 1980 waren wir mit Arno & Andreas und Dieter Falk einige Tage zu Schallplattenaufnahmen in den Odysey Studios am Marble Arch in London, eines der angesagtesten Studios für LP-Aufnahmen in den 80er Jahren. Das Studio war aufgeteilt in zwei Aufnahmeräume. In dem einen nahmen wir unsere LP „Die Platte" auf, im anderen Studio arbeiteten THE WHO (Pete Townshend und Roger Daltrey). Ich habe nicht herausbekommen, ob für Pete Townshends Solo-Album „Empty Glas" oder für den Soundtrack von „McVicar" oder bereits für ihr 1981 erschienenes Album „Face Dances".

In den Pausen, in denen ich nichts zu tun hatte, hielt ich mich im Pausenraum auf, der mit Getränken, Musik-Magazinen und Spielautomaten gefüllt war. „Space Invaders" war eines der ersten Computerspiele damals (1978 erschienen) und Pete Townshend und ich versuchten, einander so viele außerirdische Flugobjekte abzuschießen wie möglich. Wer von uns beiden gewonnen hat, weiß ich nicht mehr. Vielleicht war ich auch etwas nervös angesichts meines populären Gegenspielers. Als THE WHO das Studio verließ und wegfuhr, konnten wir mal einen Blick in das Nachbarstudio werfen. Ich war etwas erstaunt bis schockiert, wie viele große Kühlschränke dort standen, gefüllt bis an den oberen Rand mit den härtesten Alkoholika.

Zigaretten aus der Jackentasche

Es gab eine Zeit, in der ich noch ziemlich stark geraucht habe. Da ich keinen damit in Versuchung bringen wollte, habe ich das nicht öffentlich getan. Wir hatten im Bamberg einen Auftritt während eines Jugendtages. In der Pause gingen wir als Band hinter den Saal und die Raucher von uns steckten sich eine Zigarette an. Nach der Pause – der Saal war mit etwa 400 Jugendlichen gut gefüllt – stützte ich meine Hände auf die Holzbrüstung vor der Bühne und sprang lässig in einem großen

Schwung hinauf. Dabei fielen mir alle Zigaretten aus der Jacke und flogen im hohen Bogen – vor allen Besuchern – auf die Bühne. Ich musste in Gegenwart von 400 Jugendlichen die Zigaretten wieder einzeln einpacken. Das Ganze war mir natürlich oberpeinlich, aber rückgängig konnte ich es nicht machen. Einige sprachen mich nach der Veranstaltung an. Sie wussten gar nicht, dass ich rauchte – naja, jetzt wussten sie's. Mehrmals habe ich versucht, das Rauchen einzustellen, bis es mir nach vielen Versuchen gelang. Damals wie heute bin ich heil(!)-froh, dass ich nicht mehr rauchen muss.

2.000 Vorbestellungen

2.000 Vorbestellungen der LP „Langarbeitsheftspielscheibe" von Arno & Andreas lagerten 1984 bei uns im Keller und wurden von zwei Post-LKW zum Versand abgeholt.

Sonne & Schallplatten – nicht gut!

Wir waren als Arno & Andreas am Sonntagvormittag auf dem Rhein-Main-Jugendtag in der Jahrhunderthalle, Frankfurt-Höchst, am Festival-Gottesdienst beteiligt. Am Abend davor hatten wir in dem gleichen Saal ein Konzert. Zur Verdunklung waren große, schwere, fast drei Meter lange Vorhänge vor den großen Hallen-Fenstern zugezogen. Vor den Vorhängen hatte ich am Samstagabend einen langen Schallplattentisch aufgebaut. Am Sonntagmorgen sehr früh hatte der Hausmeister die Vorhänge für den Gottesdienst wieder zurückgezogen, damit Licht in die Halle kam. Er hatte nicht daran gedacht, dass dadurch die Sonne direkt auf die LPs schien. Als wir eintrafen, waren so sämtliche Platten derart verwellt, dass sie völlig unbrauchbar geworden waren.

Das ging in die Hose

Am Freitagabend hatten wir einen Konzerttermin im Ruhrgebiet. Am Nachmittag davor wurde ich am Rücken operiert – ein kleiner Eingriff, bei dem ein ca. 10 cm großer Griesbeutel entfernt wurde. Direkt nach der OP haben wir uns direkt ins Auto gesetzt und sind zum Konzert gefahren.
Als ich am Veranstaltungsort ausstieg, war mein ganzer Rücken nass vor Blut. Auch meine Hose war bis zu den Knien mit Blut verschmiert. Die Naht der Wunde war aufgeplatzt, doch ich hatte die ganze Zeit weder Schmerzen noch etwas anderes bemerkt. Da wir nach dem Konzert direkt wieder zurückfahren wollten, hatte

ich natürlich keine Ersatzhose dabei. Es war etwas kompliziert, bis der Veranstalter eine mir halbwegs passende Hose besorgen konnte, die mir aber während des Konzerts ständig runterrutschte. Manche Besucher, die von der Vorgeschichte nichts mitbekommen hatten, guckten etwas komisch, dass ich „meine" Hose auf der Bühne ständig hochzog.

Ich kleb dir eine!

In meinem Lied „Bin kein Genie" behauptete ich, dass mein Gesicht nie auf einer Briefmarke zu sehen sein würde. Wie konnte ich mir da so sicher sein? Ein Kunde von mir schickte mir einen Bogen offizieller 55er-Briefmarken mit dem Coverbild unserer LP „Die Platte". Zuerst dachte ich, da hat sich einer einen Streich erlaubt, aber durch Recherchen bei der Post erfuhr ich von deren Service, individuelle Briefmarken mit eigenem Motiv zu drucken. Es kostet zwar einiges an Bearbeitungsgebühr, aber als Hochzeits-, Geburtstags- oder sonstigen Gag doch ganz witzig, oder?

Diese Idee – nur ganz inoffiziell gebastelt – hatte übrigens schon mal ein Fan:

Solo unterwegs

Wer sucht, der findet

Etwa 80 % der Wegbeschreibungen, die Veranstalter mir damals in Zeiten ohne Navigationsgeräten und ohne Handy zuschickten, waren falsch. Als ich im Jahr 2000 in Neustadt zu einem Konzert eingeladen war, gab es in dieser Hinsicht allerdings einen Höhepunkt:
Auf der Wegbeschreibung stand sehr viel, und so ging ich davon aus, dass sie sehr ausführlich war. War sie aber nicht. Da stimmte fast nichts, und sie war offensichtlich für Menschen gedacht, die sich in dieser Gegend gut auskennen. Die ersten drei Leute (zwei Ältere und ein Jugendlicher), die ich nach der Kirche fragte, in der ich einen Auftritt haben sollte, konnten mit deren Namen überhaupt nichts anfangen, obwohl sie – dass stellte ich aber erst wesentlich später fest – ganz in der Nähe und eine wirkliche riesige (!) und erst 40 Jahre alte, nicht zu übersehende Kirche war.
Ich suchte dann an anderen Stellen nach einer bestimmten Straße, aber auch hier konnte mir keiner weiterhelfen. Den Veranstalter konnte ich zu Hause telefonisch nicht erreichen, weil er sich bereits in der Kirche befand. Er hatte mir aber nur seine private Festnetz-Telefonnummer gegeben. Die Auskunft konnte ich von der Telefonzelle aus nicht anrufen, da das Gerät nicht mit Münzen funktionierte, sondern nur mit Telefonkarte.
Plötzlich fing es an zu regnen und es schüttete ununterbrochen fast eine dreiviertel Stunde lang. In dieser Zeit befand sich kein Mensch auf der Straße, den

ich hätte fragen können. Ich machte mich gerade auf den Weg zum Bahnhof, um ein Taxi vor mir herfahren zu lassen, da entdeckte ich im letzten Moment die gesuchte Straße samt Kirche.

Die Zitterpartie
auf der Autobahn und am Telefon

Am Freitagabend hatte ich ein Konzert um 19 Uhr im Erzgebirge und fünf Stunden Fahrt für etwa 350 km einkalkuliert. Als ich in Kassel um 13 Uhr auf die Autobahn fuhr, erwartete mich zähfließender bis schleichender Verkehr, der nicht mehr aufhören sollte. Es hatte mehrere Unfälle gegeben. Zudem brannte bei Chemnitz eine Papierrolle auf einem Tieflader und ließ sich schlecht löschen. Die Zeit rannte mir davon und ich merkte zunehmend, dass ich nicht pünktlich ankommen würde. Doch durch den zähfließenden Verkehr gab es keinen Stillstand. Während der Fahrt konnte ich nicht anrufen. Zu diesem Zeitpunkt hatte ich noch kein Mobiltelefon und kam auch gut ohne zurecht. Und alle Parkplätze und Ausfahrten waren mit Autos verstopft.
Als es dann endlich um ca. 17 Uhr zu einem Stillstand auf der Autobahn kam, ging ich schnell zu einem der Autofahrer und fragte, ob er ein Handy habe und ich mal kurz anrufen könne. Als ich die Nummer des Veranstalters wählte, zeigte sich, dass wir uns in einem

Funkloch befanden. Es dauerte eine weitere Stunde, bis es auf der Autobahn mal wieder zum Stillstand kam. Als ich um 18 Uhr endlich auf der Festnetz-Nummer, die mir vorlag, durchkam, war nur der Anrufbeantworter dran. Der Veranstalter war nicht mehr in seinem Büro, sondern schon in der Kirche, in der das Konzert stattfinden sollte. Eine Handynummer hatte er in meinen Buchungsunterlagen nicht angegeben. Die Zeit verging und ich kam statt um 18 Uhr um 21:30 Uhr an der Kirche an. Von den 200 Besuchern war noch ein Rest von 50 Personen übrig. Die hatten sich die Zeit mit gemeinsamem Singen vertrieben.

Ein kleiner Wermutstropfen blieb bei mir hängen: Ich verzichtete natürlich auf mein Honorar und sogar auf mein Kilometergeld und schlug vor, dass wir uns das Benzingeld jeweils zur Hälfte teilen. Obwohl es ja nicht mein Verschulden war, entschied der Kirchenvorstand aber, keinen Anteil zu übernehmen.

Später wurde ich zu einem anderen Termin noch einmal eingeladen und kam pünktlich an. Wie in 99% aller anderen Veranstaltungen.

Nicht zur Nachahmung empfohlen

Wir befanden uns auf einer dreispurigen Autobahn bei Frankfurt, als ich sah, dass auf der Mittelspur ein Kleinwagen stand und nicht weiterkam. Es gab keinen Unfall. Alle Autofahrer fuhren vorsichtig an dem Auto vorbei. Als ich den Wagen passierte, sah ich, dass eine ältere Frau darin saß und darauf wartete, dass ihr irgendjemand hilft. Ich fuhr sofort an den Standstreifen,

machte mir ein Bild von der Situation und hielt vorsichtig den Verkehr dieser dreispurigen Autobahn an. Ich ging zu der Frau, deren Auto nicht mehr anspringen wollte, und rief den stehenden Autofahrern zu, dass ich mal ein paar starke Männer brauche. Sofort kamen etliche Helfer und wir schoben den Wagen zur Seite. Niemand fuhr während unserer Hilfsaktion weiter. Alle warteten. Als das Auto der älteren Dame am Straßenrand stand, gab ich die Autobahn wieder frei. Der ADAC kümmerte sich dann um alles Weitere.
Achtung Lebensgefahr! Nicht nachmachen!!!

Schnapsfläschchen in der Schulaula

Steinhagen ist bekannt für seine Schnapsbrennereien. Ein Konzert dort ging geistlich besonders in die Tiefe. Passend wäre gewesen, dass die Zuhörer nach meinem Programm still und nachdenklich nach Hause gegangen wären. Lieb gemeint aber emotional trotzdem unpassend übernahm stattdessen der Veranstalter das Ende des Abends mit ein paar Dankesworten, bei denen ich eine Aufmerksamkeit überreicht bekam: einige kleine Fläschchen „Steinhäger" (obwohl ich gar kein großer Schnapsfreud bin). Ich packte sie in meinen Bühnenkoffer und vergaß später, sie zu Hause herauszuholen.
Drei Tage später gab ich ein Benefizkonzert in einer christlichen Schule, öffnete auf der Bühne der Schulaula

meinen Bühnenkoffer und mir kullerten die ganzen Schnapsfläschchen aus dem Koffer auf die Bühne. Ich murmelte irgendetwas in meinen Bart und versuchte, die Sache aufzuklären. Die Schüler guckten mich zweifelnd an, und wussten nicht recht, ob sie meiner Erklärung glauben sollten.

Lebensfilme werden in der Dunkelkammer entwickelt

Können Sie auf 9 Millimeter herausgeben?

Ich gab ein Konzert vor etwa 400 jungen Leuten. Eine sehr dynamische, selbstbewusste Frau moderierte und interviewte mich zu Beginn. Sie stellte mir Fragen, merkte aber nicht, dass ich das Interview so wendete, dass ständig ich ihr Fragen stelle, die sie auch „lieb und brav" beantwortet.

Auf meine Frage, was sie beruflich mache, sagte sie, dass sie bei einer Bank arbeite. Daraufhin fragte ich sie, ob sie die Geschichte kenne: „Da kommt jemand an den Bankschalter und fragt ‚Können Sie auf 9 Millimeter rausgeben?!'" (Revolver-Kaliber).

Weder die junge Frau noch das Publikum im Saal lachte. Ich war etwas irritiert und konnte die Stille gar nicht einordnen.

Nach der Veranstaltung kam ein älterer Mann auf mich zu und sagte: „Ich bin der Vater der jungen Frau, die Sie vorhin interviewt haben. Sie konnten nicht wissen, dass meine Tochter vor einiger Zeit von einem Bankräuber gekidnappt wurde." Schluck. Nee, das konnte ich wirklich nicht wissen …

Im Land der Frühaufsteher

Ich war einquartiert in einem alten Pfarrhaus in Magdeburg und schlief direkt angrenzend an ein großes Wohnzimmer, in dem ein riesiger (2 x 2 x 3 m) Flugkäfig mit 2 Papageien stand. Die Pfarrfrau beruhigte mich und sagte mir „… die machen nur morgens und abends Lärm, aber sonst sind die ruhig."
Ab 6:30 Uhr war für mich die Nacht leider gelaufen, denn da fingen die Papageien nämlich heftig an zu schreien und zu krächzen. Aber ich war ja vorgewarnt worden, im Land der Frühaufsteher …

Raubtierfütterung im Schwarzwald

Im Schwarzwald war ich einquartiert bei einer älteren alleinstehenden Frau. Als ich zum Frühstück kam, standen am Frühstückstisch drei großen Stühle. Auf einem davon saß ein riesengroßer Schäferhund und wurde während des Frühstücks von der älteren Dame gefüttert. Ein bisschen kam ich mir vor, wie bei einer Raubtierfütterung, hautnah …

In 50 Jahren „Bühnen"-Präsenz

kommen schon einige Auftrittsorte zusammen ...
...also, was spricht gegen eine Veranstaltung in eurem Keller, Balkon, Fußballstadion, Dachboden mit Hühnerstall (Bodenhaltung), Rathaus, Bushaltestelle ...?

„Konzert" im Zeltlager

Konzert in der Fußgängerzone Kassel

Konzert auf dem Kirchentag Hamburg

Konzert in der Fußgängerzone Klagenfurt / Österreich

Konzert auf dem 3-Meter-Brett in Nürnberg

Glaub nicht jeder Gastgeberin

Wir waren in Krefeld, wollten ins Quartier, aber es fand sich kein Parkplatz in der Straße. Unsere Gastgeberin bot uns an, vor einer Garage zu parken. „Da können sie ruhig parken, da stört es niemanden." Nachts um 24 h klingelte es und die Nachbarin bat uns, das Auto wegzufahren. Wir hatten schon geschlafen und ich musste im Schlafanzug raus und etwas schlaftrunken einen passenden Parkplatz suchen. Man sollte nicht jedem glauben, auch wenn er / sie Quartiergeber / in ist.

Park nie dein Auto an der Kirche

Am Samstagabend gab ich ein Konzert in einer evangelischen Kirche in Süddeutschland. Oft werde ich dann auch zum Predigen eingeladen. Und so war ich am Sonntag in der gleichen Kirche zum Gottesdienst verplant. Der Pfarrer bot mir nach dem Konzert an: „Sie können gerne ihr Auto hier an der Kirche stehenlassen, ich fahre Sie zum Übernachten in ihre Pension und hole Sie am Sonntagmorgen wieder ab. Dann können Sie sich eine Autofahrt sparen." Ich stimmte gerne zu.
Als ich am Sonntagmorgen an die Kirche kam, waren zwei Autoreifen meines Autos zerstochen. Etwas bedröppelt gab der Pfarrer zu: „Ja, das passiert hier an der Kirche öfter – deshalb lässt auch kein Einheimischer sein Auto an der Kirche stehen."

Nach dieser Erklärung musste ich mich in meiner Predigt sehr dazu disziplinieren, keinen entsprechenden Kommentar abzugeben. Es war nach dem Gottesdienst übrigens nicht möglich, zwei neue Reifen für mein Auto aufzutreiben. Erst am Montag konnten die Reifen umständlich besorgt werden.

1.000 km für die Katz

Manche Veranstalter lassen mich 4 Stunden anfahren, 1,5 Stunden aufbauen, 2,5 Stunden Konzert geben und fragen dann irgendwann mal, ob ich evtl. noch etwas essen möchte. Diese Erfahrungen haben mich dazu gebracht, in meinen Buchungsunterlagen dezent darauf hinzuweisen, dass ich mich nach längerer Fahrt über etwas zu trinken und ein Brötchen oder ähnliches freuen würde.

Als mir nach 6 Stunden Fahrt zu einem Straßenfest einer Freikirche in einer bayerischen Stadt nichts angeboten wurde, war das fehlende Catering allerdings nur eines der Symptome für einen auch sonst ziemlich denkwürdigen Empfang. Ich schaute mich um und fand eine Hüpfburg sowie Stände mit Eis, Essen und kreativen Getränken. Ich sollte ein 45-minütiges Familienprogramm am Nachmittag und später einen humorvollen Abend für Erwachsene anbieten.

Gastronomie und Hüpfburg waren direkt neben der Bühne. An Biertischen saßen ca. 50 Erwachsene, aßen, lachten und unterhielten sich lautstark. Ich hatte zwar dafür gesorgt, dass während meines Programms die Hüpfburg für Kinder geschlossen blieb, konnte aber nicht ahnen, dass der Veranstalter sie in dieser Zeit für die Erwachsenen freigab, was regen Zuspruch fand. In diesem Treiben sollte ich versuchen, Kinder vor die Bühne zu locken.

Nach mehreren Versuchen schaffte ich es, dass sich knapp 20 Kinder dort auf den Boden setzten. Während die Erwachsenen ignorierten, dass jemand auf der Bühne stand, Bedienungen den zugerufenen Bestellungen nachgingen und zwischen den Kindern hindurchbalancierten und der Lärm von Tischen und von der Hüpfburg immer lauter wurde, mühte ich mich erfolglos das Publikum zum Mitmachen zu motivieren.

Vor lauter Unruhe, bekamen die Kinder gar nicht mit, was auf der Bühne geschah. „Was ist los mit euch? Macht ihr Stille Zeit?", war meine Reaktion. Doch was ich auch versuchte – weder Kinder noch Erwachsene beteiligten sich, sangen auch bei bekannten Mitmachsongs nicht mit, lachten nicht, reagierten kaum.

„Hier wäre eine bayerische Blaskapelle angebracht", dachte ich. Ich war frustriert, versuchte aber meine Gefühle und Empfindungen zu zügeln. Mein Programm wurde vom Publikum eher als Störfaktor empfunden denn als Bereicherung. Ich war froh, dass ich nach 45 Minuten das Programm beenden konnte und nahm mir vor, am Abend beim Erwachsenenprogramm nicht zu humorvoll zu sein und auch nicht auf Interaktion und Reaktion des Publikums zu setzen.

Aber soweit sollte es nicht kommen. Nach dem Familienprogramm wurde ich vom Pastor und einer leitenden Mitarbeiterin ins Gemeindehaus beordert. „Was ist los?", fragte mich der Pastor.

„Wenn ich eine solch passive Reaktion des Publikums öfters erleben würde, hätte ich schon lange meinen

Dienst beendet", ist meine Antwort. „Aber so wenig Reaktion habe ich noch nie erlebt."

„Ihr Humor kommt hier nicht an, wir lassen das mit dem Abendprogramm. Sie bekommen ihr Honorar und Fahrgeld, auch die Hotelübernachtung bleibt für Sie bestehen, aber wir bitten Sie, heute Abend nicht aufzutreten. Sie können am Abend gerne dabei sein, aber ohne Programm."

Daraufhin erklärte ich, dass ich im Programm für Erwachsene keine weiteren Humoreinlagen einbauen und auf Interaktives verzichten würde. In meinem Vertrag heißt es: „Wenn Sie spezielle Wünsche, Vorstellungen oder Änderungen haben, lassen Sie es mich bitte wissen, ich bin flexibel und stelle mich auf Ihre Wünsche ein. Nicht der Veranstalter muss mir dienen, sondern ich mache das, was der Veranstalter von mir möchte und braucht." Und diese Flexibilität bot ich noch einmal an.

Man sagte mir, dass trotzdem kein weiterer Auftritt von mir gewünscht sei. Auf meinen Vorschlag, vielleicht noch andere Gemeindemitglieder nach dem weiteren Vorgehen zu fragen, hieß es, dass dies bereits geschehen sei. Es habe keinerlei Bitten bezüglich meines Programms oder Wünsche für den Abend gegeben, außer dass ich nicht mehr auftreten möge.

Weil ich nicht mehr gebraucht wurde, fuhr ich noch am Nachmittag wieder nach Hause. Diese Ausladung war für mich die erste in über 45 Jahren Konzert- und Vortragsarbeit. Ich war etwas erstaunt, mit welcher Leichtigkeit mit Spendengeldern und mit meiner Zeit und Kraft umgegangen wurde. 1.000 km Autobahn, 10 Stunden Fahrzeit für 45 Minuten Kinderprogramm – aber die Verantwortlichen wollten es nicht anders.

Als ich noch am gleichen Tag etwas bedröppelt und überraschend nach Hause kam, meinte meine Frau: "Die wollten dich wohl nicht ...", ohne dass sie wissen oder ahnen konnte, was vorgefallen war.

Die Krönung des Ganzen war, dass ich eine Woche später vom Kassierer dieser Gemeinde eine Nachricht bekam, in der er mir mitteilte, die Kosten für 45 Minuten Kinderprogramm seien doch sehr hoch ... Ich verwies ihn auf den Pastor und die leitende Mitarbeiterin der Gemeinde, die mich finanziell, zeitlich und programmmäßig "freigestellt" hatten. Es mangelte einigen Mitarbeitern der Gemeinde nicht nur an Empathie, Organisationstalent, sondern auch an Kommunikationsvermögen ...

Wer mich nicht mag, der muss halt noch ein bisschen an sich arbeiten.

Weg vom Böcke bespaßen

Ein Veranstalter hatte mich gebucht für einen Männerbrunch am Samstagmorgen mit dem Thema "Humor ist der Knopf, der verhindert, dass der Kragen platzt" und für eine Predigt am Sonntag. Er hatte mir gemailt, dass er viele Außenstehende und Fremde ansprechen wolle, und dass er aus diesem Grund den

Humorvortrag ausgesucht habe. Samstagnachmittag und Abend hätte ich frei gehabt und mir die Zeit mehr oder weniger totschlagen müssen. Deshalb bot ich dem Veranstalter für Samstagabend von mir aus noch einen ADHS-Vortrag an. Aus Erfahrung weiß ich, dass zu meinen ADHS-Vorträgen die meisten Gäste und Außenstehende kommen.

Seine Antwort: *„Lieber Herr Backhaus! Vielen Dank für die Nachricht. Der Vorschlag mit dem ADHS-Info-Abend klingt sehr interessant. Uns ist jedoch eine mehr evangelistische Veranstaltung wichtig. Die Gute Nachricht muss raus. Wir wollen weg vom ‚Böcke bespaßen', der fromme, niederschwellige Kulturbetrieb hängt mir zum Halse raus. Und in der Ewigkeit zählt doch nur: drinnen oder draußen. Wer nicht an den Menschensohn glaubt, kommt in die Hölle, bums. Will heute keiner mehr hören, ist mir auch klar, aber das sind ja nun mal die Fakten. Vielleicht haben Sie noch eine Alternative. Herzliche Grüße"*

Zuerst war mir nicht klar, ob der Brief ein Scherz oder ernstgemeint war, zumal der Veranstalter ja von sich aus einen Humorvortrag für Samstagvormittag gebucht hatte. Es zeigte sich aber, dass der Brief ernst, sehr ernst gemeint war!

Eine farbverlaufende Besucherin

Im Dezember bot ich eine etwas alternative Adventsveranstaltung an. Humor mit Tiefgang. Eine Frau machte sich zu Hause fertig im Glauben, die Veranstaltung beginne um 20 Uhr. Als ihr Mann sie darauf hinwies, dass der Abend schon um 19:30 Uhr beginne, hatte sie

sich aber gerade die Haare gewaschen und Henna als Haar-Färbemittel aufgetragen. Eiligst stülpte sie sich eine Badekappe über, zog sich eine Wollmütze darüber und fuhr so zur Gemeinde. In der hintersten Reihe, so dachte sie, würde ihr merkwürdiges Aussehen nicht so auffallen.
Zu ihrem Leidwesen war die Veranstaltung aber fast ausverkauft und sie bekam nur noch einen Platz in der vordersten Reihe. Langsam aber beständig liefen während der Veranstaltung Wasser und Henna-Farbe aus der Wollmütze heraus. Ständig war sie am Putzen und Wischen. Die Besucher wunderten sich, und konnten sich das Verhalten der Besucherin überhaupt nicht erklären.

Früher war alles leichter. Ich zum Beispiel.

Sie ziehen sich aber noch um?!

Ich war in Herne, um in einer überfüllten Evangelischen Kirche eine Nachveranstaltung der Reihe „9 mal life" zum Thema „Ganz der Papa" zu halten. Eine Kulturveranstaltung mit etwas anspruchsvollem Publikum. Ich hatte ein schwarzes langärmliges Poloshirt an, schwarze Hose und schwarze Schuhe, also etwas „gediegener" als ich sonst gekleidet bin. Als ich in die Kirche kam, begrüßte mich der Superintendent und sein zweiter Satz lautete: „Sie ziehen sich aber noch um?!" Mir rutschte fast das Herz in die Hose. Er löste die Situation aber direkt auf und meinte, er habe den Satz humorvoll gemeint. Er hatte gedacht, ich käme etwas farbiger und „greller". Denn er kannte mich noch aus alten Zeiten, 68-er Schublade, lange wüste Haare und hippiemäßig viel Farbe ...

Nur mit Talar!

Ich hielt an einem Samstagabend einen Vortrag über Humor bei einem Männertag in Bautzen. Der Saal war rappelvoll, es herrschte eine bombige Stimmung und mein Vortrag kam bei den Männern sehr gut an. Am nächsten Morgen sollte ich in Bautzen in einer evangelischen Kirche predigen.
Als ich um 8:30 Uhr in die Kirche kam, empfing mich der Küster, Pfarrer oder jemand vom Kirchenvorstand mit ernster und fragender Miene. Ich wirkte etwas unsicher und sagte, dass ich heute Morgen hier predigen solle.

Da musterte er mich von oben bis unten und meinte: „Aber nicht so! Haben Sie keinen Talar mit?!"
Ich predige ja als Nichttheologe oft, auch in evangelischen Kirchen, aber nie mit Talar (habe gar keinen), und das war bisher nie ein Problem gewesen.
Ich wollte gerade sagen „Das wusste ich nicht, dass ich hier zwingend einen Talar brauche, das hätte man mir vorher sagen müssen", da löste der Mann das „Problem" auf. Die Männer vom Vorabend hatten meinen Vortrag über Humor gehört und wollten mir gemeinsam einen Streich spielen. Was ihnen auch gelungen ist!

Dem Fisch muss der Wurm schmecken

Die Evangelische Jugend Unterfranken führte im Schlossgarten von Castell bei Würzburg ein großes Jugendfestival durch. Ich hatte zu Hause zwei volle Tage lang sehr intensiv zwei Bibelarbeiten vorbereitet mit Texten, die mir der Veranstalter vorgegeben hatte, und die sehr schwierig waren. Als ich ankam, stellte ich fest, dass vorwiegend Konfirmanden-Gruppen anwesend waren. Es saßen also 80 Teenies am Morgen vor mir, von denen nur sehr wenige überhaupt motiviert waren für eine Bibelarbeit, geschweige denn zu einer mit sehr schwierigem Text. Ich legte spontan meine Unterlagen zur Seite und versuchte, das Beste aus der Situation zu machen.
Der Hausherrin Marie-Louise Fürstin zu Castell-Castell ging es ähnlich. Sie und ihr Mann hatten das fürstliche Gelände zur Verfügung gestellt. Als engagierte Christin sollte auch sie die gleichen Texte vor einer anderen

Gruppe von Kids auslegen. Da half ihr leider auch nicht ihr „Heimspiel".

Am Samstagabend spielten dann die Jesus-Freaks mit ihrer entsprechenden Musik in der fürstlichen evangelischen Kirche zu Castell. Der Pfarrer kam zu mir und sagte: „Wenn sie doch etwas leiser spielen würden ..." Aber den Kids gefiel's!

Oh Mann, peinlich!

Bevor ich einen Vortrag halte, stelle ich mich meistens kurz vor: „Ich komme aus Calden bei Kassel. Manchen ist vielleicht der Flughafen bei uns bekannt, den keiner braucht. Wir haben aber eines der größten Fallschirmspringer-Zentren in Deutschland ..." Ich baue manchmal spontan einen Witz über einen Fallschirmspringer ein: „Da ist ein Fallschirmspringer, der hüpft aus dem Flugzeug, aber der Fallschirm öffnet sich nicht. Plötzlich kommt ihm von unten einer entgegen geflogen. Der Fallschirmspringer fragt: ‚Können Sie zufällig Fallschirme reparieren?' ‚Nein, aber Gasheizungen!'"

An jenem Abend aber lachte keiner in der Kirche. Ich dachte: „Komisch, haben die den Witz nicht verstanden?" Nach dem Vortrag kam der Pfarrer zu mir und sagte: „Vorhin hat übrigens keiner auf ihren Witz reagiert, weil vor drei Tagen hier bei uns ein Fallschirmspringer tödlich abgestürzt ist ..."

Oh Mann, peinlich!

Gefahr für Hochschwangere

„Lieber Arno, übrigens: Am Montagabend war eine hochschwangere Frau im Publikum. Sie hat uns hocherfreut geschrieben, dass der tolle Abend und das viele Lachen die Wehen in Gang gesetzt haben und dass man sich eine schönere Geburtseinleitung kaum vorstellen könne. Man sollte das mal den Krankenhäusern empfehlen. Nun ist das Kind da und alle sind wohlauf. Vielleicht solltest Du entweder eine Warnung oder eine Empfehlung für Hochschwangere rausgeben bezüglich des Humorabends. Nochmals vielen Dank für alles! Herzliches Glück aus Boborschau"

Schilderstreich

Kennen sie das auch? Autofahrer, die ständig auf der linken Straßenseite oder in der Mitte fahren, obwohl auf der rechten Spur alles frei ist? Als Vielfahrer wird bei solchen Autofahrern bei mir immer die Geduld, die Freundlichkeit und christliche Milde bis aufs Äußerste herausgefordert. An einem Sonntagmorgen fuhr ich um ca. 7 Uhr in der Nähe von Stuttgart auf einer völlig leeren dreispurigen Autobahn. Trotzdem blieb vor mir ein schwarzer Rolls Royce mit etwa 120 km/h beständig auf der mittleren Spur. Ich überholte ihn langsam links und klemmte mein Schild „Rechts fahren. Danke!" an die rechte Fensterscheibe.

Nach dem Überholvorgang fuhr ich auf der rechten Spur weiter. Der Rolls Royce wurde schneller und überholte mich. Am Heckfenster leuchtete ein Schild „Polizei", und der Rolls ordnete sich wieder in der mittleren Spur ein und hielt erneut 120 km/h ein – obwohl es keine Geschwindigkeitsbegrenzung gab. Weiter passierte nichts. Nach einer Weile überholte ich den Wagen wieder auf der linken Spur, diesmal ohne Schild und fuhr meiner Wege.
Ich hatte mich übrigens lange vor diesem Ereignis beim ADAC erkundigt, ob ein Schild am Fenster mit der Aufforderung „Rechts fahren. Danke!" eine Nötigung darstelle. Mir wurde erklärt, es gebe keine gesetzlichen Konflikte, solange ich das Schild nicht raushalte und andere belästige, störe oder behindere. Mein Erziehungsstil hat bundesweit und im Laufe der Jahre, aber so was von nichts bewirkt, dass ich mich kaum noch aufrege und mein Schild weggeworfen habe.

Schlips gewünscht

Ich war in Oldenburg zu einer Evangelisation bei den Baptisten eingeladen, schwerpunktmäßig unter jungen Erwachsenen und Jugendlichen, wie der Veranstalter mir im Voraus mitgeteilt hatte. Am Abend stellte sich dann heraus, dass ca. 70 % der etwa 300 Besucher über 60 Jahre alt waren, darunter acht pensionierte Pastoren, zwei pensionierte Bundesdirektoren, eine Sprecherin vom „Wort zum Sonntag", Bodo Hoppe, einer der bekanntesten Liederkomponisten für Gemeindeliedgut – und dazwischen ich mit meiner bunten Kleidung.

Selten habe ich mir so sehr einen Schlips gewünscht wie an diesen Tagen!
Trotzdem haben sich jeden Abend 10-20 Leute für ein Leben mit Jesus entschieden. Es gab an jedem Abend eine andere Form, um dies vor allen Besuchern im vorderen Bereich der Gemeinde zum Ausdruck zu bringen, z. B.:
- Rose abholen
  -> Jesus möchte mit uns Freundschaft schließen
- Schlüssel vom Schlüsselbrett abnehmen
  -> Schlüsselerlebnis
- Zettel verbrennen
  -> Jesus möchte unsere Schuld beseitigen – usw.

> Im nächsten Leben werde ich Kaffeeautomat. Du wirst geliebt, bekommst den ganzen Tag Aufmerksamkeit und ständig drückt dich jemand.

„Innen drin doch ganz nette Menschen"?

Im Zuge der Werbung für eine Veranstaltung rief mich eine Mitarbeiterin der „Pommerschen Kirchenzeitung" an. Ich sagte in dem Telefoninterview u. a., dass jeder Mensch eine Sehenswürdigkeit sei, abgetriebene Babys, alte pflegebedürftige Menschen, Asylanten, selbst Rechtsradikale. Nicht das, was sie tun sei des Sehens würdig, aber sie als Personen. Vielleicht wären sie nie rechtsradikal geworden, hätte man sie in der Kindheit mehr beachtet und geachtet, sie mehr geliebt

und ernstgenommen. Ich sagte, dass ich gern ihr Herz knacken und ihnen zeigen würde, dass Gott sie als Person liebt, aber nicht das, was sie von sich geben
Daraus wurde dann in der Zeitung:
„... Interessant fand ich auch, was er mir zu Rechtsradikalen erzählt hat. Natürlich findet er nicht gut, was die machen; aber trotzdem möchte er sie ansprechen. Er meint, man müsste ihr Herz knacken, denn bestimmt sind sie innen drin doch ganz nette Menschen." Das las ich mit rotem Kopf. Ja, ja, knapp daneben ist auch vorbei!

Ein vollgepacktes Vortragsleben

Manche Touren sind besonders vollgepackt. Im Jahr 2000 zum Beispiel war ich in der baden-württembergischen Provinz – ca. 60 Minuten von der nächsten Autobahnauffahrt entfernt – von einer Kirchengemeinde eingeladen worden. Quartier im Aussiedlerhof bei einem der größten Bauern der Gegend mit 200 Kühen.

Programm am Sonntag:
- 10 - 11:30 Uhr   Predigt & Musik im Gottesdienst.
- 16:30 - 18:30 Uhr Gemeindefest mit Volkstanz und
  großer Beteiligung
- 20 - 23 Uhr   Predigt und Gespräche in einem
  tollen Zelt der „Kirche Unterwegs",
  Stuttgart mit ca. 250 Besuchern
  aus allen Altersschichten
  an jedem Abend

Programm am Montag:
- 10 - 12 Uhr   sechs Klassen der Grundschule besuchen, in jeder Klasse musikalisches Kurzprogramm
- 15 - 17 Uhr   Jungschar-Programm mit 120 Kindern im Alter zwischen 6 und 12 Jahren.
- 20 - 23 Uhr   Predigt und Gespräche

Programm am Dienstag:
- 10 - 11:30 Uhr   Spielprogramm für 90 Kindergartenkinder
- 15 - 17 Uhr   Jungschar-Programm mit 120 Kindern im Alter zwischen 6 und 12 Jahren
- 20 - 23 Uhr   Predigt, Musikbeiträge & Gespräche

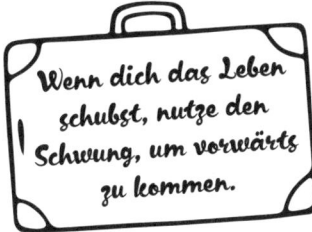

Wenn dich das Leben schubst, nutze den Schwung, um vorwärts zu kommen.

Interne Hintergrundinfos

Ich war in einer Gemeinde eingeladen zu Konzert, missionarischer Gesprächsschulung und Straßenaktionen. Der Hauptverantwortliche wollte seine Mitarbeiter auf mich einstellen und vorbereiten, und mailte allen eine Beschreibung meiner Person.

Ungünstiger Weise vergaß er aber, mich aus dem Verteiler herauszunehmen ... Ich habe das Schreiben mit Vergnügen wahrgenommen:

„Wenn wir heute über die Antworten unseres Referenten reden, dann muss ich hier mal was dazu loswerden: Liebe Mitarbeiter, wir haben uns da eine ganz schöne Suppe eingebrockt! Arno Backhaus hat einen ganz anderen Umgang als wir ihn für gewöhnlich pflegen. Er würde eigentlich viel besser zu meiner alten Gemeinde in X passen. Wenn die singen: ‚Die Hände zum Himmel‘, dann sind die aber so was von in der Luft!

Im Duo mit Andreas Malessa hat Arno immer den Komiker markiert, während Andreas stets der souveräne, elegante Part der beiden war. Geräusche, Witze, ungewöhnliche Einlagen, das war Arnos Metier. Nicht nur dass er viel wilder aussah – auch seine Art war eben eine ganz andere. Genau das aber hat den Reiz der beiden ausgemacht, die dann oft mit dem Keyboarder Dieter Falk unterwegs waren. So war neben Musik und frommen Texten immer etwas Comedy mit im Gepäck.

Und ausgerechnet den Hauptverantwortlichen dafür haben wir uns zum Jubiläum eingeladen! Was meine ich? Nun, wie sieht denn bei uns ein normaler Gottesdienst aus? Wir sitzen in unseren Stuhlreihen und kleben auf den Polstern fest. Sollte sich mal einer trauen zu einer Bewegung einzuladen, dann verpuffen diese Ideen meist im Nichts. Was will ich damit sagen? Es ist unser ganzes Gepräge, unsere Herkunft, unsere Abstammung. Ich meine, wir können uns als eine Spätfrucht der XYZ-Erweckung verstehen, in der es nun wirklich nicht um körperlich ausgedrückte Begeisterung ging. Diese äußeren Ausdrücke körperlicher Art waren eher ein erklärtes Feindbild ihrer Vertreter.

Dazu kommt, dass der Pietismus, zu dem wir auf jeden Fall zählen, in seiner ganzen Geschichte von inneren Überzeugungen geprägt war. Es ging um die Seele, nicht um irdische Güter oder Äußerlichkeiten. Wo viele mit der Kirche längst gebrochen hatten, trafen die Ideen von Phillip Jacob Spener über Glaubensfragen und über missionarisch-soziale Verantwortung. In seinen ‚Pia desideria', den sogenannten ‚Frommen Wünschen', von denen der Name Pietisten herkommt, sprach er viele von der Kirche enttäuschte Menschen an. Am meisten traf er allerdings diejenigen, die ihre Kirche auch damals noch liebhatten und zusätzlich mit ganzem Ernst Christen sein wollten: Diese werden seitdem Pietisten genannt.

Und jetzt kommt eben jener Arno Backhaus in unsere Gemeinschaft. Und er hat eine andere Prägung, lebt einen anderen Stil Christsein. Bitte – nicht dass er etwas anderes glaubt als wir. Nein, er wird sehr deutlich auf Jesus Christus als den Weg zum Vaterhaus hinweisen. Und wie er das tut, wird uns herausfordern! Dazu will ich zwei biblische Meilensteine einbetonieren:

Tanz dich ganz! Von König David ist überliefert, dass er fast nackt den Herrn gelobt haben soll. Das war z. B. seiner Frau so peinlich, dass sie sozusagen die Scheidung einreichte. Der Prediger der Bibel weiß, dass auch Tanzen seine Zeit hat. Als der verlorene Sohn von seiner Irrfahrt ins Vaterhaus zurückfindet, bezieht er dort keine Prügel, sondern das Parkett. Anstatt dass der Papa die dicke Keule schwingt, schwingt der Sohn jetzt das Tanzbein.

Kritiker haben der Bibel schon immer eine gewisse Leibfeindlichkeit vorgeworfen. Was aber sind unsere Vorbilder im Glauben? Es sind die Kinder und Unmündigen, die also, die beim Vaterunser ohne Rhythmus dazwischen quatschen und bei Liedern einfach aufstehen, um sich zur

Musik im Kreis zu drehen. Warum? Weil sie Gottes Angebot begeistert und sie das auch mit ihren Bewegungen ausdrücken.

So schätze ich auch unseren Herrn Backhaus ein, der sich irgendwie dieses kindliche Glaubensgemüt bis ins Erwachsenenalter bewahrt hat. Also, da sind wir mal alle miteinander gespannt, wie das so wird, wenn Arno hier seine Mitmachlieder anstimmen wird. Es ist ja in keinem anderen das Heil als allein in dem Namen unseres Herrn JC. Und wir können sicher sein, dass es Arno darum gehen wird, dieses Heil vorzustellen. Er fischt sozusagen auf diesem Gebiet. Er wird zum Glauben an Jesus auffordern.

Und jetzt kommt es: Arno Backhaus will und wird es nicht alleine tun. Er braucht Rückendeckung. Die hat er freilich von ganz Oben, so viel steht fest. Aber es braucht auch uns als Veranstalter. Stehen wir voll und ganz hinter dem, was da kommt? Und mehr noch: Unterstützen wir das, indem er uns mit einplanen kann?

Wenn wir beispielsweise wirklich auf der Hauptstraße für Jesus rumlaufen, dann braucht es schon mehrere Leute, die dort mitmachen. Trauen wir uns das, öffentlich für Jesus und sein Heil aufzutreten? Sind wir offen für kritische Rückfragen unserer Mitbürgerinnen und Mitbürger? Was wir heute besprechen, wird an keiner Stelle ohne uns ablaufen können. Selbst, wenn da einer vorne steht und die Leute unterhält, anpredigt, zum Singen und Klatschen auffordert, braucht es den – wie wir das früher nannten – „Kreis der Steher und Beter". Es braucht die, die gleich mitmachen, auf die Impulse eingehen und den Rahmen fördern.

Bist du dabei, wenn das im nächsten Juni hier so stattfindet? Ich schließe mit dem Titellied der letzten Studio-LP von Arno & Andreas 1985: „Etwas einsehen und dann hingehen kostet Zeit und Kraft und Mut, wirklich wirksam wird die Liebe, wenn man Gottes Willen tut. Nach dem Hören kommt das Handeln, wo geholfen werden muss, läufst du los aus lauter Liebe, hat dein Glaube Hand und Fuß."

Gottes Umweg mit einem 50 €-Schein

Ich kam an einem Samstagabend von einem Konzert in Köln zurück. Am Sonntag wollte ich in unseren Gottesdienst und bereitete mich vor. Als ich überlegte, wie viel Geld ich für die Kollekte einstecken sollte, hatte ich die Idee, die Wahl Gott zu überlassen. Die Büchertisch-Kasse vom Vortag stand noch voller Scheine bei uns in der Küche und ich griff blind hinein und dachte: „Das, was ich rausziehe, gebe ich als Kollekte." Heimlich dachte ich noch: „Hoffentlich ist es kein zu großer Schein!" Ich zog ... und zog einen 50 €-Schein aus der Kasse. Ich schluckte kurz, beugte mich aber dem „göttlichen" Zufallsprinzip.
Im Gottesdienst saß ich in der ersten Reihe und der „Zufall" wollte es, dass der Kollekten-Behälter nicht durch diese gereicht wurde. Ich dachte noch: „Kein Problem, das Geld lege ich nach dem Gottesdienst in eines der Kollekten-Körbchen." Später zu Hause fiel mir auf, dass ich, durch Gespräche abgelenkt, vergessen hatte, den Fünfziger nachzulegen.
Ein paar Tage später führte ich in der Dresdener

Fußgängerzone eine meiner Straßenaktionen durch. Ziemlich bald hatte ich ein sehr persönliches Gespräch mit einem Passanten. Er berichtete, dass er verheiratet sei, zwei Kinder habe und vor einem Monat arbeitslos geworden sei. Er machte auf mich einen sehr ehrlich bedrückten und traurigen Eindruck. Seine Geschichte hat mich betroffen gemacht und innerlich stark bewegt. In diesem Moment hatte ich den Eindruck, dass Gott zu mir sprach und sagte: „Gib dem Mann deinen ‚gesparten' Fünfziger".

Ich sagte meinem Gesprächspartner, dass ich den Eindruck hätte, Gott wolle ihm 50 € schenken und fragte ihn, ob er das Geschenk annehmen würde? Er guckte etwas verwirrt, nahm aber bescheiden die 50 € an und freute sich wie ein kleines Kind zu Weihnachten. Und ich war meinen Fünfziger los. Und das mit einem zugleich fröhlichen und nachdenklichen Gefühl. Manchmal baut Gott Umwege ein, um sein Ziel zu erreichen, die wir in der Situation gar nicht so schnell nachvollziehen können ...

Zweideutige Einladung zum „Kennenlernen"

In der Fußgängerzone von Gießen lud ich mit einem Team zu einer Vortragswoche ein, bei der ich an vier Abenden predigen sollte. Tagsüber führte ich mit ein paar Mitarbeitern Straßenaktionen durch. Unter anderem stand ich mit einer meiner Straßenaktionen „Kostenlose Umarmung" auf der Straße und sprach mit Passanten über den Glauben. Manche ließen sich umarmen, manche nicht, andere diskutierten über den Sinn, der hinter der Aktion stand. Links und rechts von mir luden Mitarbeiter mit Handzetteln zu den Vortragsabenden ein. Da sagte ein Mitarbeiter zu einer Passantin, die mich gerade umarmt hatte „Wenn Sie den Mann etwas näher kennen lernen möchten, dann kommen Sie doch heute Abend in die Löberstraße." Erst später wurde uns bewusst, dass man diese Einladung auch völlig anders hätte verstehen können ...

Eine reichlich genervte Künstlerpersönlichkeit des Jahres

Hanna, unsere drei Kinder und ich waren 2005 auf der Musikmesse PROMIKON. Ich gab dort ein Konzert und hatte auf der Messe einen CD- und T-Shirt-Stand. Als die Pause zu Ende ging, drängte meine Frau mich, den Stand zu schließen. Es standen aber noch Kunden am Stand, die ich nicht unbedient stehenlassen wollte. Das sagte ich meiner Frau, und meinte, sie könne ja schon gehen, ich käme nach. Sie ließ aber nicht locker und drängte mich unablässig, den Stand stehenzulassen und zurück in die Konzerthalle zu kommen. Sie stand hinter mir und nervte und nervte! So stressig hatte ich sie noch nie erlebt!

Nach weiterem Drängen gab ich endlich nach und folgte ihr stocksauer und total verärgert in den Saal. Da saßen wir dann, ich emotional zu bis oben, kein Interesse an dem, was auf der Bühne passierte. Dann kam Christine Rösch, eine gute Bekannte von uns und Liedermacherin aus den neuen Bundesländern, auf die Bühne und hielt eine Laudatio für die Künstlerpersönlichkeit des Jahres.

Ich hörte nur mit halbem Ohr zu. Innerlich ärgerte ich mich immer noch über den Druck, den Hanna gemacht hatte.

Im Laufe der Laudatio dämmerte mir, dass Christine ja von mir reden könnte. Und so war es dann auch: Ich wurde auf die Bühne gebeten. Da stand ich dann, noch emotional aufgewühlt mit dem Ärger über Hanna, aber auch von der Würdigung meiner Arbeit durch Christine. Ich brauchte einige Zeit, bis die Freude in meinem Bauch ankam. Mein Dank für Preis und Laudatio begann dann so: „Ich habe mich gerade total über meine Frau geärgert ..." Danach klärte ich das Publikum auf.

Und das war die Vorgeschichte: Christoph Buskies, der Veranstalter der Musikmesse, hatte Hanna ein halbes Jahr vor dem Kongress angerufen und ihr gesagt, dass ich eine Auszeichnung bekomme, sie das mir aber nicht sagen, jedoch unbedingt darauf achten solle, dass ich nach der Pause pünktlich im Saal sitze. „Hanna, du sorgst dafür, dass Arno pünktlich im Saal ist!"

Oh, als ich das hörte, konnte ich Hanna und ihren Stress verstandesmäßig mehr als verstehen, aber in meinem Bauch war noch zu viel „Staub" aufgewirbelt, der erst etwas zur Ruhe kommen musste.

2008 – Ein Jahr der Wechselbäder

Es begann mit dem Gemeinde-Ferien-Festival SPRING in Ruhpolding. Knapp 4.000 Besucher kamen jährlich für eine Woche nach Ostern zusammen zu Konzerten, Vorträgen, Workshops, Bibelarbeiten, Ausstellungen, Lesungen, Podiumsdiskussionen und viel Freizeit um Urlaub zu genießen.

Ich hatte einen großen Verkaufsstand im Durchgang zwischen Schule und Sporthalle, auf der einen Seite ganz frei ohne Wand und Türen, auf der anderen Seite zwei Türen, die man nicht schließen konnte, weil sie total verzogen waren. Als dann an einem der Tage ein extremer Schneesturm aufkam, musste ich meinen Stand immer weiter in die Mitte des Durchgangs zusammenrücken, weil immer mehr Schnee in die Vorhalle kam und auch auf Bücher und T-Shirts fiel. Ich stand von morgens 9 Uhr bis 19 Uhr im bitterkalten Schneegestöber zwischen meiner heißen T-Shirt-Druckmaschine und dem Schneesturm. Schüttelfrost mit starkem Fieber waren die Folge.
Übrigens: Zum Glück sind die Festival-Veranstalter mittlerweile seit ein paar Jahren von Ruhpolding nach Willingen/Uppland gezogen. Dort habe ich meinen Verkaufsstand in einem der feinsten Hotels am Platz,

geputzt und geschniegelt vom Hotelpersonal und ich muss nicht mehr in eisiger Kälte auf Kunden warten.

Vier Monate später in Leipzig war es dann um so heißer. Beim Weltjugendtreffen der Baptisten, hatte ich einen Stand in einer der modernsten Messe-Glasbauten Europas. Über 40°C Außentemperatur – und wir standen direkt unter dem Glasdach mit unserer T-Shirt-Presse. Über 60°C Hitze unter dem Glas! Es gab keinen Schutz vor der Sonne und das Kühl-Gebläse in den Messegängen und Hallen war drei Tage lang defekt. Wir tranken so viel wie selten und brauchten so selten wie selten die Toilette.

Geballte Ladung Gewalt und Leid

2016 – Ich war engagiert für einen Vortrag im „Haus der Kirche" in Kassel. Ein humorvoller Beitrag zu Weihnachten sollte es sein. Doch dann kam einen Tag zuvor der Terroranschlag auf dem Breitscheidplatz Berlin dazwischen. Und jetzt sollte ich etwas Lustiges vortragen?
Ich begann den Vortrag folgendermaßen:

„Vielleicht haben Sie vor zwei Tagen in der Presse gelesen, dass Ermittler in Bitterfeld ein Horror-Haus von Pädophilen gestürmt haben. Sie waren u. a. auf der Suche nach Inga. Die Fünfjährige war 2015 bei einem Fest im Diakoniewerk Wilhelmshof bei Stendal entführt worden. Keine Spur bis heute. 4 Wochen nach der Entführung sollte ich dort im Diakoniewerk ein Konzert geben und einen Vortrag über Humor halten. Ich war total irritiert, fragte meine Freunde und im Hauskreis, wie ich mich verhalten solle. Sollte ich lieber absagen und die Veranstaltung stornieren? Wir waren alle hilflos und wussten uns keinen Rat. Ich rief beim Veranstalter an und fragte ihn, was ich machen solle. Die Mitarbeiter sagten mir, dass die Psychologen der Kripo ihnen geraten hatten, die Veranstaltung durchzuführen. Die Mitarbeiter dürften nicht in ihrem emotionalen Loch steckenbleiben. Mit Grummeln im Bauch hielt ich meinen Vortrag über Humor.

Nur zwei Wochen danach hielt ich bei der Polizeivereinigung in Rehe einen Vortrag unter dem Titel „Es regnet in meiner Seele" über die Themen Verletzungen, Vergebung, Rache, Hass. Nach mir folgte das Ehepaar Schlitter mit einem Vortrag zum Thema „Verlieren - Verzweifeln - Verzeihen". Sie hatten ihren zehnjährigen Sohn Mirco verloren. Er war 2010 verschwunden, missbraucht und erdrosselt worden. Sie haben sicher den Fall im Fernsehen mitverfolgt. Der Austausch mit den Schlitters war bewegend.

Manchmal ist das Leben und die Wirklichkeit hart. Trotz solcher unmenschlichen Anschläge wie in Berlin und Vorkommnisse mit entführten Kindern lassen wir uns das Leben nicht vom Terror und Leid bestimmen, sondern von der Hoffnung. Wir lassen uns das Feiern,

Tanzen und Lachen nicht verderben und verbieten! Das haben wir von den Juden gelernt, die trotz Verfolgung und Leid eine Fest- und Feierkultur entwickelt haben wie kaum ein anderes Land auf dieser Erde. Das Leid und den Schmerz ernstnehmen und trotzdem den Humor nicht verdrängen, sondern zulassen!
Charlie Chaplin hatte eine brutale und leidvolle Kindheit und Jugendzeit, die alles andere war als lustig. Hape Kerkelings Mutter hat Selbstmord begangen und seine Kindheit war nicht gerade spaßig. Auch ich hatte keine schöne Kindheit. Meine Mutter hat versucht, mich mit schwarzer Pädagogik, Kleiderbügeln, Teppichklopfern und Lederriemen zu erziehen. Ich bin in Kassel von vier Schulen geflogen, dreimal sitzengeblieben – und heute halte ich Vorträge u. a. zum Thema Humor.
Es scheint so zu sein, dass Humor eine hilfreiche Form der Therapie für Leidvolles ist ..."

Wenn es im Leben mal so richtig kracht, ist Humor ein guter Stoßdämpfer.

Warten auf Auftrittstermine

Durch Corona bedingt, bekam ich 2020 über 93 Terminabsagen. Ohne dass ich darum gebeten hatte, haben bekannte und unbekannte Personen uns finanziell unterstützt. Diese überraschenden Spenden von allen möglichen Seiten, haben mich veranlasst, selbst viel großzügiger zu werden was Trinkgelder, Spenden etc. betrifft.

Arno & Hanna

Gnadenhochzeit

Der Standesbeamte, der uns vor 50 Jahren getraut hatte, rief bei uns an. Er habe, erzählte er, bei Bibel-TV gesehen, dass ich auch predige. Seine Gnadenhochzeit (70 Jahre) stünde an, und ob ich bereit wäre, die Andacht zu diesem Fest zu halten. Das habe ich natürlich gerne getan!

Verletzte Aufsichtspflicht

Meine Frau und ich sind seit 1972 verheiratet. Im Laufe der Jahrzehnte haben wir unsere unterschiedliche Art das Leben anzugehen, geschliffen und intensiv bearbeitet. Wir kommen gut miteinander aus und genießen unserer Gegensätze. Wir ergänzen uns. Keiner von uns allein ist ganz, wir brauchen den anderen. Das alles war nicht immer so. Hanna ist eher großzügig, gutgläubig und lässt eher mal fünf gerade sein. Ich bin eher pingelig, kleinlich, kritisch und etwas strenger.

Als wir 1981 mit Freunden und jeweils einem Kind in Urlaub waren, saßen wir am Rand der Altstadt in einem Restaurant direkt am Gardasee. Unmengen von Touristen schoben sich an uns vorbei. Unser Sohn (1 Jahr alt) und die Tochter (2 Jahre) unserer Freunde spielten vor sich hin. Ich sagte zu meiner Frau: „Wir müssen auf Benni aufpassen, dass er uns hier im Gewimmel nicht wegläuft und abhandenkommt." Hanna meinte, dass er schon nicht weglaufen werde, sondern in unserer Nähe bleibe. Ich widersprach ihr und kritisierte ihren gelassenen Erziehungs- und Aufsichtsstil. Wir kamen miteinander in einen heftigen Streit, der immer zickiger wurde. Argument gegen Argument warfen wir uns an die Köpfe.

In allem Streit waren wir so auf uns fixiert, dass wir die Kinder völlig vergaßen. Plötzlich bemerkten wir, dass Benni und Sina nicht mehr zu sehen waren. Wie von der Tarantel gestochen, liefen wir vier Erwachsene los und suchten in allen Himmelsrichtungen nach den Kindern. Sie hätten in den See gefallen sein können.

Die Schiffs-Anlegestelle befand sich nur 10 Meter vom Restaurant entfernt. Vielleicht waren sie aber auch von den Touristenströmen mit in die engen Gassen des Städtchens geschoben worden? Wir wussten nicht, wo wir zuerst suchen sollten. Nach einer halben Stunde kamen Benni und Sina endlich aus einer der vielen Nebenstraßen heraus und liefen uns in die Arme.
Was haben wir daraus gelernt? Man sollte sich nie über etwas streiten, wenn das, worüber man streitet, darüber vernachlässigt wird. Die Kinder haben überlebt – bis heute – sicher nur durch Gottes Hilfe!

Autodiebstahl

Ich gab ein Konzert in der Documenta-Halle in Kassel. Meine Frau und ich saßen anschließend noch in einer Weinstube und ließen den Abend gemütlich ausklingen. Als wir um 0:30 Uhr durch ein Nachbardorf nach Hause fuhren, kam uns dort plötzlich Hannas Auto entgegen. Ich war natürlich sofort hellwach und dachte: „Jemand hat Hannas Auto gestohlen!"
Ich wollte wenden und unser Auto verfolgen. Durch ein anderes Fahrzeug, war das aber nicht so schnell möglich. Schließlich gelang es mir und ich nahm die Verfolgung auf. Als Hannas Auto eine Tankstelle anfuhr, nutzte ich die Gelegenheit, stelle mich quer davor und sprang heraus. Nicht nur das Auto war gestohlen worden, es saß auch noch voll mit unseren Kindern!
Was war passiert? Max, das Pferd von Fabian, war ausgebrochen und geflüchtet. Unsere beiden Kinder Fabian und Rebecca hatten unsere Nachbarin geweckt

und sie gebeten, beim Suchen zu helfen. So kam es dazu, dass die drei mit Hannas Auto unterwegs waren.
Nun waren wir zwar froh, dass das Auto keinem Diebstahl zum Opfer gefallen war, aber in Sorge um Max. Nach zwei Tagen vergeblicher Suche und einem leichten Unfall zwischen Max und einem Mercedes, fanden wir das Pferd dann etwa 10 km von unserem Zuhause entfernt an einem Getreidefeld stehend.

Fotos missbraucht

Das Kasseler Kirchenblatt hat meine Frau und mich vor 30 Jahren gefragt, ob sie uns als Familie für einen Familienartikel fotografieren und die Bilder veröffentlichen dürften. Den Artikel würde jemand anderes schreiben. Wir stimmten ahnungslos zu. Als wir dann den Artikel lasen, trauten wir unseren Augen nicht. Die Bilder illustrierten den Bericht über eine andere Familie. Man hatte unsere Bilder missbraucht für eine Aussage, die wir überhaupt nicht vertraten. „Hausfrau, Mutter, Lehrerin – Wie eine berufstätige Mutter ihren Alltag meistert". Es war mehr oder weniger ein „Werbeartikel" für die Berufstätigkeit von Frauen. Genau das Gegenteil von dem, was wir lebten! Als meine Frau unser erstes Kind bekam, hat sie ihren Job als Sozialpädagogin aufgegeben, um ganz für ihr Kind da sein zu können.

Damit uns keiner missversteht: Es gibt Situationen, in denen auch mit Kindern beide Partner arbeiten müssen oder Alleinerziehende Frauen keine andere Wahl haben. Aber als verheiratetes Paar stehen wir schon dafür ein, dass einer von beiden bei den Kindern bleibt, und die Familie einen Lebensstandard einübt, der es ermöglicht mit einem Gehalt auszukommen.
Jedenfalls: Den Fehler, eine Zusage zu machen, ohne sich vorher detaillierte Informationen einzuholen, haben wir nur einmal gemacht.

Ladies first, James last!

Ich hatte einen Newsletter verschickt, in dem ich u.a. auf einen Ehe-Ermutigungstag hingewiesen hatte, den meine Frau und ich im „Christlichen Gästezentrum Schönblick" in Schwäbisch Gmünd halten würden. Kurze Zeit später erhielt ich eine Mail einer christlichen Buchhandlung aus Ostfriesland:
„Sehr geehrter Herr Pastor Backhaus, danke für den Letter. Ich wundere mich, dass bei der Ankündigung des ‚Ermutigungstages für Ehepaare' Ihre Frau vor Ihnen als Mann genannt wird. Zeitgeist – schade. Ist Adam nicht VOR Eva geboren? Trotzdem – wir bestellen bald wieder T-Shirts! Herzliche Grüße".

Ich war sprachlos und konnte mir überhaupt nicht vorstellen, dass Christen heute noch so denken konnten. Weil ich mich an dieser Art Auseinandersetzung aber nicht beteiligen wollte, antwortete ich der Buchhandlung etwas augenzwinkernd kurz mit „Ladies First – James Last. Liebe Grüße Arno Backhaus" Die Antwort der Buchhandlung kam dann auch knapp und bündig: *„Leider auch nicht biblisch!"*

Als ich Andreas, meinem ehemaligen Musikkollegen von dem Brief erzählte, mailte er mir zurück:

„Ich wundere mich nämlich, Herr Pastor Backhaus, dass Sie und Ihre Frau auf dem Foto fast gleich schlank sind. Dabei wurde Eva doch aus einer einzigen Rippe des Mannes erschaffen, einer Gerte sozusagen, und von dem einen Apfel, den ihr die Schlange gab, kann sie doch nicht so füllig geworden sein ..."

Die Polizei, mein Freund und Helfer

Meine Frau und ich waren im September in Leipzig zu verschiedenen Veranstaltungen. In einer der Nächte wurde unser Auto aufgebrochen. Meine neuen Schuhe, die ich mir am Vortag gekauft hatte und meine geliebte, seltene Westerngitarre, die Jahre von Arno & Andreas-Konzerten mitgemacht hatte, wurden gestohlen.

Ich ging zur Kriminalpolizei. Die Beamten nahmen den Fall auf und rieten mir, regelmäßig im Internet nachzugucken, ob die Gitarre dort angeboten würde. Und wirklich: Zwei Wochen nach dem Einbruch fand ich meine Gitarre bei eBay und schrieb an die Kriminalpolizei diesen Brief:

Sehr geehrter Herr X!
Nach unserem telefonischen Gespräch heute Vormittag gebe ich Ihnen hiermit noch mal alle aktuellen Informationen zu dem obigen Vorgang:
Nachdem Frau Y mir empfohlen hatte, bei eBay nachzuprüfen, ob meine entwendete Gitarre dort angeboten würde, habe ich jeden Tag dort nachgeschaut. Am 4.10.06 habe ich meine Gitarre bei eBay gefunden. Sie wurde am 29.9.06 um 20 Uhr eingestellt von:
XYZ, München, Tel. 089-XX XX XX

Aufgrund der Fotos konnte ich meine Gitarre identifizieren: Im oberen Teil meiner Gitarre, dort wo die Saiten aufgezogen werden, ist meine Gitarre leicht beschädigt gewesen (siehe Foto). Der Verkäufer hat genau an dieser Stelle ein kleines buntes Gitarrenplättchen eingeklemmt, um den Schaden unsichtbar zu machen. Weitere eindeutige Merkmale meiner Gitarre, die zum Teil aus den Fotos bei eBay ersichtlich werden:

- *Die beiden oberen Klöppel sind ganz leicht nach unten verbogen, da die Gitarre mir öfters mal auf den Boden gefallen ist.*
- *Da meine Gitarre sich bei Wind und Wetter im Gitarrenkoffer (im Auto) befand (ich gebe im Jahr ca. 130 Konzerten im ganzen Bundesgebiet), hat sie im Laufe der Zeit (sie ist ca. 30 Jahre alt) überall am Gitarrenkörper „Risse" bekommen (siehe Foto).*
Diese sind im Internet nicht ganz so ersichtlich, aber vor Ort wären sie schnell zu erkennen.
- *Der Gitarrenkoffer hat vier Verschlüsse (drei sind bei eBay zu erkennen), der vierte Verschluss war an meinem Koffer defekt). Das wäre auch vor Ort schnell ersichtlich.*

Verändert wurde an meiner Gitarre:
- *Der Aufkleber „Jesus is Lord" (siehe Foto) wurde beseitigt.*
- *Merkwürdigerweise wurde auch der Name „Concord" (siehe Foto) beseitigt.*
- *Das Ledergitarrenband „Ibanez", das sich an der Gitarre befand, wird bei eBay nicht mit angeboten.*

Ich wäre Ihnen dankbar, wenn Sie mir mitteilen könnten, wie ich weiter vorgehen kann.

Mit freundlichen Grüßen
Arno Backhaus

Die Polizei nahm daraufhin Kontakt mit dieser Firma auf, die gebrauchte Artikel ins Internet stellte, und wollte von ihnen die Adresse der Person, die ihr meine Gitarre angeboten hatte. Die Firma verweigerte der Polizei die Datenherausgabe. Das machte alles noch ominöser. Nach einer Woche stürmte die Polizei brachial diesen Laden mit der Erwartung, einen größeren Hehler-Ring aufzudecken. Sie recherchierte die Adresse des Gitarrenanbieters und brach auch bei ihm nicht gerade zimperlich in das Haus ein – immer noch in der Annahme, einen größeren Fisch an der Angel zu haben. Letztendlich kam heraus: Es war nicht meine Gitarre und deren Besitzer war Mitarbeiter des Bayerischen Fernsehens. Er hat später, auf Grund dieses Vorfalls, einen Bericht ins Fernsehen gebracht über die Machenschaften der Bayerischen Polizei. Kann ich nachvollziehen, aber auch schade, denn die Polizei, mein Freund und Helfer, wollte ja nur helfen.

Dankbarkeit trägt das Gute der Vergangenheit in die Gegenwart.

Ein undankbares Ende

Meine Frau und ich waren auf einer kleinen Tournee durch Baden-Württemberg. Vier Tage waren wir mit unterschiedlichen ADHS- und Ehethemen unterwegs. Unser Auto war gut beladen mit Gitarren-, Bühnen- und Reisekoffern, Notenständern und Bücherkisten. Nach dem ersten Vortrag fragte der Veranstalter, ob wir gerne frisch gepressten Apfelsaft tränken. Wir bejahten und bekamen daraufhin drei Kisten Apfelsaftflaschen in unser Auto gepackt.

Am zweiten Abend erzählte eine ältere Besucherin, früher seien die Evangelisten immer mit Naturalien bezahlt worden. Wir bekämen zwar sicher unser Honorar, aber ob sie uns unabhängig davon einen kleinen Sack Kartoffeln, gerade frisch aus dem eigenen Garten geerntet, schenke dürfte. Aus Höflichkeiten nahmen wir das Geschenk an und klemmten einen Sack Kartoffeln in unseren bis oben gefüllten Kofferraum.

Am letzten Tag unserer Tour hielten wir einen Ehevortrag vor einigen hundert Leuten in der „FILharmonie" in Filderstadt bei Stuttgart. Am Schluss bedankte sich der Veranstalter und kam mit einer Schubkarre voller Gemüse und Obst auf die Bühne. Filderstadt ist bekannt für den Anbau von Kraut- und anderem Gemüse. Statt mich freundlich zu bedanken, fragte ich spontan und etwas genervt ins Mikrofon: „AUCH DAS NOCH! Ja, wo soll ich das denn noch alles unterbringen!?" Allgemeine Verwunderung über meine unfreundliche und merkwürdige Reaktion. Natürlich konnten weder der Veranstalter noch das Publikum etwas von unserem Platzproblem im Auto ahnen.

Rettung im letzten Moment

Wir waren auf der Rückreise von einer Vortragswoche und hatten mit unserem Auto in der Nähe von Alsfeld auf der Autobahn einen Kupplungsschaden. Wir befanden uns gerade an einer stark befahrenen Stelle auf der Überholspur, als die Kupplung ausfiel und kein Gang mehr raus- oder reinging. Ich konnte nicht nach rechts ausweichen, weil der extrem starke Verkehrsfluss dies nicht möglich machte. Während mein Auto langsamer wurde und ich irgendwie versuchte, das Problem in den Griff zu bekommen, bretterte rechts (!) neben uns ein LKW vorbei, hinter uns und neben uns ging die typische Urlaubs-Hin- und Rückfahrts-Hektik ab. Und wir mittendrin.
Die Autobahn war an dieser Stelle mehr als unübersichtlich, zweispurig und ohne Standstreifen. Wir hatten uns schon darauf eingestellt, dass wir mitten in diesem Verkehrschaos auf der linken Autobahnspur

anhalten müsstem, als uns im letzten Moment ein freundlicher Fahrer auf die rechte Seite ließ, und genau an dieser Stelle befand sich ein sehr kleiner Autobahn-Not-Stellplatz. Wir haben dort erstmal tief durchgeatmet und Gott gedankt. Der ADAC hat uns abgeschleppt und im nächsten Ort mussten wir uns einen Mietwagen nehmen. Was lernen wir daraus? Verachte keine kleinen Parkplätze!!

Das verrückteste Wochenende seit langer Zeit

Ein echt heißes Wochenende erlebten Hanna und ich im Jahr 2000 im Erzgebirge und Vogtland. Eine Person, die uns für Samstag und Sonntag eingeladen hatte, hatte uns pro Tag zu drei verschiedenen Veranstaltern mit total unterschiedlichen Anforderungen weitervermittelt. Hier in Stichworten:
Die Anreise begann mit einer Stunde Stau kurz hinter Kassel. Als wir am Freitagabend dann glücklich um 22:30 Uhr am Ziel ankamen, war der Stadtplan so klein gedruckt, dass wir ohne große Lupe und Taschenlampe, die wir glücklicherweise immer im Auto haben, nichts lesen konnten. Endlich standen wir vor unserem Quartier. Es war alles stockdunkel, keine Straßenlaterne leuchtete. Auch am Haus leuchtete kein Licht, die Rollläden waren an allen Fenstern runtergezogen (wie einladend!). Wir waren richtig verunsichert, ob wir hier überhaupt richtig waren. Es war dann aber doch der Quartiergeber anwesend.

Am Samstagvormittag hatte Hanna einen Vortrag vor 230 Frauen im Rahmen eines Frühstückstreffens zu halten. Es war ein außergewöhnlich aufmerksames und begeistertes Publikum. Nach Ende der Veranstaltung um 11:30 Uhr, verließen alle fluchtartig (!!) das Kulturhaus. Es gab keine Rückfragen oder sonstige Gespräche an Tischen oder mit Hanna (wie sonst üblich). Auch der Büchertisch wurde „links liegen gelassen". Wir hätten ihn erst gar nicht aufzubauen brauchen. Später hörten wir, dass in dieser Gegend die Menschen pünktlich um 12 Uhr zu Mittag essen. Ja, bei denen herrscht noch Ordnung!

Am Nachmittag hatte ich in Plauen mit etwa 40 Kindern eine Kinderveranstaltung durchzuführen mit Spiel, Spaß und Andacht. Ich habe selten so schüchterne und dementsprechend passive Kinder erlebt. Die 5- bis 12-jährigen Kids waren kaum zu überreden mitzuspielen. Bei der Nachbesprechung erfuhr ich dann von der Veranstalterin, dass sie von mir erwartet hätte, dass ich die Kinder zur Entscheidung für Jesus aufrufe. Ich habe geschluckt, war etwas verwirrt und habe ihr dann gesagt, dass man Kinder nicht so schnell mal zwischen Spiel & Spaß zu einer Lebensübergabe für

Jesus führen kann. Die Kinder waren es nicht gewohnt, frisch und frei zu spielen und rumzutoben. Sie hatten gelernt, schön still zu sitzen, sich nicht zu regen und biblische Geschichten anzuhören. Und dann komm ich daher als Hyperaktiver. Oh Mann!

Am Abend hatte ich dann noch eine Konzert- und Predigtveranstaltung mit 300 Jugendlichen. Die Jugendlichen waren hochgradig aufmerksam und konzentriert. Dort hatte ich stark den spontanen geistlichen Eindruck, während der Veranstaltung zur Entscheidung für Jesus aufzurufen. Viele gute Gespräche folgten. Etliche Jugendliche entschieden sich für ein Leben mit Jesus.

Am Sonntagvormittag hatten wir im Nachbarort in der Landeskirchlichen Gemeinschaft ein Seminar zum Thema „neue Gottesdienstformen" zu halten. Es kamen wesentlich mehr Leute als der Veranstalter erwartet hatte, und es stellte sich ziemlich bald heraus, dass es nicht ratsam war, über neue Formen und Organisatorisches zu reden, sondern mehr über geistliche Inhalte und ein authentisches Leben als Gemeinde. Wir haben unsere Erfahrungen unserer Gemeinde und unserer Hauskreise gut weitergeben können. Es war für alle Seiten ein wirklich guter geistlicher Impuls, zumal die Veranstalter auch nicht nur die „Fassade" erneuern wollten, sondern wirklich die Grundsubstanz. Es gab sehr offene und ehrliche Gespräche.

Am frühen Nachmittag um 14 Uhr sollte ich in der evangelischen Kirche von X predigen. Ich kam eine Stunde vor Veranstaltungsbeginn an der Kirche an. Um die Kirche herum befand sich ein Friedhof und das Eingangstor des Friedhofs stand weit offen. Weil wir ja unsere Anlage auspacken mussten, fuhren wir durch den Friedhof direkt vor die Kirchentür. Alle Türen der Kirche waren verschlossen und nach ca. 20 Minuten Warten auf einen Pfarrer, gingen wir um die Kirche herum, schauten in den Schaukasten und stellten fest, dass an diesem Nachmittag ein gemischter Chor aus dem Vogtland auftreten sollte. Nach hektischem Blick auf die Landkarte und die Briefe des Veranstalters, stellten wir fest, dass wir in X/Vogtland waren, der Gottesdienst aber in X/Erzgebirge stattfand. Das Eigentümliche: Es gibt mehrere Ortsnamen, die es sowohl im Vogtland wie auch im Erzgebirge gibt. Vielleicht sind den Leuten damals die Namen ausgegangen?
Der Veranstalter hatte mal wieder, wie viele andere auch, vergessen, die Wegbeschreibung zu schicken, und ich durfte selbst irgendwie rausbekommen, wo ich hin musste. Da ich das ganze Wochenende über im

Vogtland war, konnte ich nicht wissen, dass die letzte Veranstaltung von sechs (!), an diesen beiden Tagen nicht im Vogtland, sondern im direkt angrenzenden Erzgebirge stattfand, aber trotzdem 150 km entfernt. Hanna und ich rasten dann über Autobahn, Bundes- und Landstraßen in den gleichnamigen Ort im Erzgebirge. Eine kürzere Strecke gab es damals nicht. Völlig gestresst und genervt kamen wir um 15 Uhr an. Der Gottesdienstbeginn sollte um 14 Uhr sein. Ich stellte meine Anlage auf und begann sofort zu singen und zu predigen. Die Besucher hatten es sich in der Wartezeit in der Kirche bequem gemacht, ihr Picknick rausgeholt und fröhlich in der Kirche verzehrt. Mein Publikum: 40 Erwachsene mit geistiger Behinderung, ca. 10 Kleinkinder, 7 Mütter und weitere 12 Besucher. Die Kleinkinder liefen in der Kirche frei herum, warfen Bälle von der Kanzel und der Empore und ich dachte nur: „Da muss ich jetzt durch", hielt mich an meinem Predigt-Konzept fest und schwitzte.

Nach dem Gottesdienst sollte ein großes Gemeindefest rund um die Kirche stattfinden mit Volkstanz, Spiel und Kaffeetrinken. Ich hatte einiges vorbereitet. Mein Publikum: 10 Erwachsene mit geistiger Behinderung und 4 Kinder. Ich versuchte, das Beste daraus zu machen und musste die Volkstänze und viele andere Sachen streichen, weil sie das Publikum überfordert hätten. Insgesamt kam ich aber trotzdem ganz gut mit dem etwas außergewöhnlichen Publikum zurecht.

Übrigens: In ersten Jahren nach der Wiedervereinigung fiel mir oft auf, dass in den neuen Bundesländern viel selbstverständlicher als im Westen Menschen mit Einschränkungen im Publikum vertreten waren, teils in Gruppen, teils auch einzeln. Ich fragte mich damals: „Wo sind denn die in den westlichen Bundesländern!? Werden die weggesperrt? Stören die? Passen die nicht ins Bild? Warum nehmen die nicht an Konzerten und Vorträgen teil wie hier?" Mittlerweile hat sich die Situation im Osten leider auch in diesem Punkt immer stärker dem Westen angepasst.

Am Abend sollte ich in der Kirche noch ein Konzert geben. Mein Publikum: ca. 80 Besucher, davon etwa 5 Frauen mit Kinderwagen und teils kreischenden und laut spielenden Kindern. Die Kinder liefen immer wieder um mich herum, lachten, warfen Dinge um, lenkten ab, irritierten mich … Wohlgemerkt: Es sollte ein ganz normales Konzert sein, also kein Kinderkonzert. Ein Mann nahm nach einer Weile seinen etwa halbjährigen Sohn auf den Arm, gab ihm einen Löffel zum Spielen und wollte ihn damit stillhalten. Mit dem Kind im Arm und dem Löffel lief er im Seitenschiff und im vorderen Bereich vor der Kanzel auf und ab. Etwa fünfmal fiel ihm oder dem Kind der Löffel auf den Boden, was man in der Kirche nicht überhören konnte. Von der Unruhe und Hektik um mich herum war ich total genervt und gestresst! Mir war zum Heulen zumute. Als ich dann abends mit Hanna nach Hause fuhr, musste sie mich

erstmal wieder mühsam aufbauen. Gut, dass ich so eine tolle Frau habe!
Ein so anstrengendes Wochenende mit diesen Heißkalt-Wechselbädern von tollen und schwierigen Veranstaltungen habe ich selten erlebt.

Park nie Geld im Handschuhfach

Hanna und ich waren für eine Woche in der Schweiz zu Vorträgen, Konzerten, Seminaren etc. gewesen. Nach einer dieser Veranstaltungen hatte ich ein gutes Versteck für das Geld vom Büchertischverkauf gesucht, weil ich das Geld nicht in der Kasse hatte lassen wollen. Also hatte ich ein Bündel Schweizer Banknoten kurzerhand in die kleine Mappe in meinem Handschuhfach gesteckt, in dem sich auch mein Führerschein und sonstige Papiere befanden. Allerdings hatte ich das später völlig vergessen. Nach dem Kassensturz zu Hause hatte ich zu meiner Frau gesagt, dass wir doch nicht so viel verkauft hätten wie ich angenommen hatte.
Ein halbes Jahr später hatte ich am Samstagabend ein Konzert in Fellbach bei Stuttgart. Am Morgen danach fuhr ich früh um 6 Uhr los, um noch rechtzeitig um 10 Uhr zum Gottesdienst zu Hause zu sein. Kurz vor der Autobahn in Stuttgart geriet ich in eine groß angelegte typische Disco-Heimfahrt-Drogen- und Alkohol-Kontrolle. Die Straße war ausgeleuchtet von großen Scheinwerfern. Mehrere Polizeiwagen mit Blaulicht standen auf der Straße und die Beamten wurden ringsum von gut bewaffneten Kollegen gesichert.

Ein großer, sehr netter Polizist kam an meinen Wagen und bat um die Papiere. Ahnungslos öffnete ich mein Handschuhfach, um Führerschein und Fahrzeugpapiere herauszuholen. Da fiel mir ein ganzer Batzen Schweizer Geldscheine entgegen und verteilten sich auf dem Boden des Beifahrersitzes. Schlagartig dachte ich: „Ach, da ist das Geld!", und erinnerte mich sofort an das Verstecken.

Wenn ich dem Polizisten gesagt hätte, woher das Geld kommt, und dass ich die nicht geringe Summe einfach vergessen hatte – er hätte mir sicher nicht geglaubt. Obwohl er mit einer Taschenlampe in mein Auto leuchtete, sah er die – ziemlich farbenfrohen – schweizer Scheine zum Glück nicht. Vermutlich war er vom Drogendezernat und nicht von der Steuerfahndung. Sonst hätte er vielleicht genauer hingeschaut, zumal just zu dieser Zeit eine CD mit Daten von Steuersündern aus der Schweiz aufgetaucht war ...

Das Leben schreibt deine Geschichte, doch du hast den Stift in der Hand und Gott den Radiergummi.

Ein „ruhiger" Abendausklang

Nach einem Eheseminar lud uns der Veranstalter und Gastgeber noch auf ein Glas Wein ein. Dagegen hatten wir nichts, ahnten aber nicht, worauf wir uns einließen.

Er fragte noch beiläufig, ob wir etwas gegen Hunde hätten, was nicht der Fall ist, auch wenn wir keine eigenen Hunde haben.

Als wir ins Wohnzimmer kamen, empfingen uns zwei extrem lebhafte Border-Collies. Wir kannten diese Rasse als freundliche Hütehunde, die aber sehr verspielt und hyperaktiv sind. Was ihre Beschäftigung angeht, sind sie sehr anspruchsvoll und nicht gerade die idealen Wohnzimmer-Hunde. Dementsprechend sprangen sie über Tische und Stühle, kämpften auf dem Teppich und jagten einander. Ab und zu hüpften sie an uns hoch und wollten uns zum Mitspielen bewegen. Wir mussten Gläser und Weinflasche festhalten, damit sie nicht dem Spieltrieb der Hunde zum Opfer fielen. Der Quartiergeber hatte zwei dicke Katzen im Arm, wahrscheinlich zum Schutz vor den Hunden (?!) und schrie immer mal wieder die Hunde an, aber ohne großen Erfolg. Es waren 30 laute und hektische Minuten. Soweit zum Thema „vor dem Schlafengehen noch in Ruhe bei einem Glas Wein zusammenzusitzen".

Einfach genial

Eines meiner bekanntesten Lieder von der LP „Die Platte" (1980) heißt „Bin kein Genie". 42 Jahre später predigte ich von einem Hubwagen mit der Aufschrift „Genie" vor 150 Autos auf einem IKEA-Parkplatz. Die Maßnahmen zur Eindämmung der Corona-Pandemie 2020-2023 waren eine besondere kreative Herausforderung.

Ostergruß ins Dorf vor unserem Haus

Corona-Konzert vom Balkon unseres Gemeindezentrums

Christvesper

Online-Konzert mit Sefora Nelson & Team

Arno & Hanna auf Korsika

In Calvi auf Korsika gibt es die Ferienappartment-Anlage „Résidence Pinéa". Das Besondere: Die Anlage ist in der Hand engagierter Christen und bietet ein geistliches Rahmenprogramm, das nach Belieben in Anspruch genommen werden kann. Seit vielen Jahren kommen wir immer wieder einmal als Referenten dorthin.

Just in time

Meine Frau und ich fuhren zum Kölner Flughafen, um von dort als Referenten nach Calvi/Korsika in die Freizeitanlage Pinéa zu fliegen. Als wir in Köln ankamen und einchecken wollten, sagte die Dame am Schalter: „Ihr Flugzeug fliegt gerade weg, schauen Sie mal hier ..." Wir hatten die Abflugs- mit der Eincheckzeit verwechselt!

Fünf Tage lang hatten wir morgens, nachmittags und abends unterschiedliche Programmpunkte zu absolvieren, der erste davon am Abend des Ankunftstages. Mein Adrenalinspiegel schoss in die Höhe! Ich dachte sofort: „Wie komme ich auf dem schnellsten Weg nach Korsika?" Mir war alles egal, Hauptsache wir landeten auf Korsika! „Ich fahre mit dem Auto! – Ach nein, das geht ja nicht, weil die Fähre frühzeitig gebucht werden muss." Ich überlegte, ob wir über Umwege, z.B. über Paris, nach Korsika fliegen könnten und informierte mich. Alle Sitzplätze im Flieger waren jedoch belegt. Was wir auch überlegten – es funktionierte nicht.

Schließlich riefen wir in Calvi an und fragten die freundlichen Mitarbeiter, ob sie eine Idee hätten. Wir sollten einen Tag später von Stuttgart aus nach Bastia/Korsika fliegen und von dort würden wir mit einem Auto abgeholt, das uns nach Calvi brächte.

Wir setzten uns in Köln in einen Zug, fuhren nach Stuttgart, buchten eine Nacht im Flughafen-Hotel und bekamen tatsächlich noch einen Flug nach Bastia. Dort holte uns am Sonntag um 8:15 Uhr ein netter Mitarbeiter von der Freizeitanlage ab und fuhr uns zwei Stunden über Berg und Tal und durch heftigste Kurven nach Calvi.

Das Problem: Ich hatte an diesem Sonntag zu predigen. Und der Gottesdienst war bei unserer Ankunft bereits im Gange. Rüdiger Gebhardt, der schon in der Woche davor das Programm bestritten hatte, hatte sich bereit erklärt, kurzfristig eine Predigt zu halten, falls ich nicht pünktlich ankommen sollte. Der Chor hatte gerade sein Lied beendet und die Predigt war dran. Unser Auto fuhr vor, ich ließ alles stehen und liegen, ging geradewegs ans Rednerpult und hielt meine vorbereitete Predigt. Just in time!

Schlüsselerlebnis auf Korsika

Wir fuhren mit fünf Erwachsenen und vier Kindern in unserem Toyota-Bus an einen abgelegenen Strand, der ungefähr 20 Kilometer von Calvi entfernt war.

Dort sollte es hohe Wellen geben. Da meine Badehose praktischerweise eine Tasche mit Reißverschluss hatte, steckte ich den Autoschlüssel dort ein, um ihn nicht unbeaufsichtigt am Strand zu lassen.

Es war herrlich, sich von den Wellen hin und her wiegen zu lassen. Wir schwammen, tauchten und hatten jede Menge Spaß in den unkalkulierbar hohen Wassermassen. Als wir nach Haus fahren wollten, stellte ich fest, dass ich vergessen hatte, den Reißverschluss zu schließen. Und mein Autoschlüssel befand sich offenbar jetzt in den Tiefen des Mittelmeeres.

Mir wurde mit Schrecken klar, dass wir somit nicht mehr zurückfahren konnten. Ich ging also wieder an unsere Badestelle, tauchte bis zum Grund und suchte, suchte und suchte ... Selten habe ich so intensiv gebetet (natürlich mit offenen Augen), aber weder Gebete noch Tauchgänge bis zur Erschöpfung führten zum Erfolg.

Wie kamen wir nun mit neun Personen zurück zu unserer Unterkunft und wie sollte ich das Problem mit dem Bus lösen? Dummerweise hatte ich keinen Ersatzschlüssel mit nach Korsika genommen.

Einer von uns versuchte es mit Trampen und gelangte auf diese Weise zurück in unser Quartier. Von dort aus holten uns dann drei Autos ab. Nur unseren Bus mussten wir unbeaufsichtigt am Strand stehen lassen. Für Autodiebe ein gefundenes Fressen.

Zurück in der Anlage ließ sich prüfen, welche Gäste in nächster Zeit anreisen sollten, die aus der relativen Nähe von Kassel kamen. Wir riefen einen Freund aus unserem Hauskreis an, erzählten ihm von unserem Missgeschick, wie er in unsere Wohnung kommen könnte und wo er unseren Ersatzschlüssel finden würde. Der fuhr dann 100 km, um den Ersatzschlüssel jemandem zu bringen, der wenig später nach Korsika fliegen sollte. Als wir nach einer Woche unseren herrenlosen Bus am Strand holen konnten, stand er noch da, als wollte er sagen: „Mir gefällt's so gut, hier bleib ich!"

Ein schockierender Ringkampf

Seit etlichen Jahren gestalteten wir regelmäßig Programm in der „Résidence Pinéa", Calvi. Eines Abends standen Strandspiele für Kinder ab 10 Jahren auf dem Programm. Ich begann mit einem Ringkampf-Wettbewerb und suchte mir zwei gleich große und starke Kinder aus. Die Spielregel: Keiner durfte beim Ringkampf stehen und gewonnen hatte der, dessen Gegner zuerst komplett mit den Schultern im Sand lag. Zwei kräftige Jungs, beide etwa 13 Jahre alt, knieten im Sand und ich gab das Kommando. Kaum hatte ich das ausgesprochen, da flog einer der beiden durch die Luft und lag mit dem Rücken auf dem Boden. Er war so schockiert, dass ihm die Tränen in den Augen standen. Wir konnten gar nicht so schnell gucken, wie es passiert war. Die Lösung war aber ganz einfach: Der Sieger war deutscher Judo-Meister in seiner Altersklasse und hatte das natürlich vorher nicht verraten.

Notlandung

Auf einer unserer Rückreisen von einer Korsika-Freizeit, wurde es richtig knapp. Es fehlte nicht viel und unser Flugzeug wäre abgestürzt. Wir gerieten in heftigste Turbulenzen, in denen der Flieger hin und her geworfen wurde. Gegenstände, Getränke und Personen, die nicht angeschnallt waren, flogen durch die Luft und landeten an der Decke. Von allen Seiten schrien Menschen. Vor dem Fenster sahen wir, wie Blitze sich den Weg durch die Wolken suchten.
Schließlich konnten wir in Düsseldorf notlanden, um das Flugzeug neu zu betanken. Einige Passagiere trauten sich nicht mehr ins Flugzeug, sondern stiegen auf Busse um. Wir jedoch konnten zwei Stunden später, nachdem sich das Wetter etwas beruhigt hatte, weiterfliegen und kamen wohlbehalten zu Hause an.

Machen Sie das nie wieder!

Da ich in der Ferienanlage auf Korsika auch immer wieder Konzerte gebe, habe ich natürlich auch meine Gitarre dabei. Diese muss ich im Flughafen immer als Sperrgepäck aufgeben und an einem speziellen Ausgabeschalter abholen. Als ich eines Tages meine Gitarre in Empfang nehmen wollte und sie gerade auf dem Rollband auf den Schalter zukommen sah, fragte ich den Beamten etwas vorlaut: „Na, haben Sie mein Maschinengewehr gefunden?" Darauf der Polizeibeamte sehr energisch „SAGEN SIE SOWAS NIE WIEDER!!!" Da wurde mir erst bewusst, wie dumm, gefährlich und gedankenlos die Frage war.

Heiratsantrag über dem Meer

Man stelle sich folgende Situation vor: Jorinna war mit ihrer Schwester auf Korsika im Urlaub. Diese lud sie spontan zu einem Hubschrauber-Rundflug über die Bucht von Calvi ein. Was Jorinna nicht wusste: Als Co-Pilot verkleidet saß ihr Freund Daniel Harter vorn im Cockpit. Als der Hubschrauber dann im Tiefflug über die Bucht von Calvi flog, erkannte Jorinna auf einmal am Strand ein 10 x 12 Meter großes weißes Tuch auf dem „D♡J" stand. Daneben gab es einen riesigen Flashmob: 200 Leute standen in Buchstaben-Formationen und stellten die Worte „MARRY ME" dar.
Ihre Schwester rief: „Da unten ist der Dani!"
Kaum dass Jorinna verstanden hatte, was da passierte, drehte sich der Co-Pilot um, reichte ihr ein Kästchen mit einem Ring und fragte: „Jorinna Müller, möchtest du mich heiraten?" Natürlich sagte sie „Ja" und es wurde noch die ganze Nacht gefeiert.
Daniel hatte alles vorher mit mir abgesprochen und es war mir eine Freude, den Flashmob am Strand zeitlich passend zu organisieren.

Arnos Bauchladen

Unkonventionelles Geschäftsgebaren

Als ich 1981 meinen ersten Schallplattenkatalog herausbrachte, konnte ich nicht ahnen, dass vier Jahrzehnte später Nachhaltigkeit und verantwortungsvoller Konsum so hoch im Trend stehen würden. Damals eröffnete ich den Katalog mit dem konsumkritischen Brief eines Kunden mit dem Hinweis: „Finde ich nachahmenswert, werter Katalogleser! In diesen Sinne – nicht zu viel bestellen ..."

Mein „Mitbewerber" (man könnte auch sagen Konkurrent) sagte mir damals „Du bist verrückt, du kannst doch nicht auf der ersten Seite dem Kunden empfehlen, dass er nicht so viel bestellen soll. Er soll doch bestellen, das ist doch der Sinn eines Kataloges ...!"

Ich habe damit weniger Probleme und möchte eigentlich meine Kunden immer wieder auch daran erinnern, mit ihrem Geld sinnvoll umzugehen. Es ist für mich eben nicht das erste Ziel etwas zu verkaufen. Glaubwürdigkeit und Lebensqualität soll bei mir nicht verlorengehen.

Es ist **Nicht meine** Sache an mich **Zu denken.** Meine Sache ist an Gott **Zu denken!** Gottes Sache ist An mich **zu denken.**

Passendes T-Shirt-Motiv

Über Deutschland lacht die Sonne,
über Calden die ganze Welt!

Kein Club!

gratis

Arno's Bauchladen

Arno Backhaus - Hauptstr. 13 - 3527 Calden 2 - Tel. 0 56 77 / 13 43

Schallplatten-Versand & reisender Plattentisch

NEUHEITEN
NEUE LPs: SEITE 29-30
NEUE BÜCHER: SEITE 13

Jesus Music

Ein Kunde aus Berlin:
"Hallo Arno! Dein Bauchladen hat mal wieder richtig eingeschlagen!
Nachdem ich eine Seite nach der anderen gierig verschlungen hatte,
war ich drauf und dran in maßloser Konsumpsychose meiner Musik-
schlemmerei zu fröhnen und eine LP nach der anderen zu bestellen.
Doch da war dann wieder diese kleine leise Stimme, die übrigens
ganz bewußt, aus Protest, leise ist, da sie nicht mit denselben,
raffinierten Methoden arbeiten will, wie der große schwarze Laut-
sprecher im anderen Teil meines Gewissens, der mit
einer imperialistischen Phonstärke sein altes,
dekadentes "Iß, trink und habe guten Mut"-
Programm, mit unver- änderter Selbstsicher-
heit, in mein Bewußtsein dröhnt. Diese, mir so
liebe, kleine, leise Stimme erzählte mir
dann von anderen Menschen, für die das
Paradies auf Erden schon darin
besteht eine Schale Reis in den
mildem Mund zu schieben und
mit einem Schluck trüben Wassers,
aus dem rostigen Hahn, die
vertrocknete Kehle zu kühlen.
Nun, diese Überlegung bewog
mich, meine Wunsch- liste auf weniges zu
beschränken, darum sende mir doch bitte nur..."

Finde ich nachahmenswert, werter Katalogleser! In diesem Sinne..."

Ein Kunde mit Gewissen –
das unterstütze ich doch gerne!

Sehr geehrter Herr Backhaus!

Sie hatten uns am 17. I. auf unserem Wunsch hin, eine Sendung von Plaketten, Poster, Schallplaten, und Aufklebern gesendet. Ich hatte die Aufgabe, den Betrag auszurechnen, den Sie von uns zubekommen haben. Unter anderem hatten Sie dem Paket einen Briefumschlag beigefügt indem diverse Aufkleber ungezählt waren. Ich habe diese Aufkleber etliche Male zusammengezählt und immer wieder verschiedene Ergebnisse herausbekommen. Danach habe ich die Arbeit ruhen lassen.Und habe ein Zwischenergebnis herausbekommen, welches mir heute unwahrscheinlich erscheint.
Meine Ergebnisse beliefen sich zwischen 421.1o und 414.9o.
Wenn ich aber nun zu dem Betrag, welcher errechenbar ist (das was Sie uns genau aufgeschrieben haben),den Betrag für die nicht gezählten Plaketen zuzähle ergibt es eine Summe von 47o.7o. (387.9o ≠ 82.8o Aufkleber) Ich vermute nun, daß in den 82.8o auch die anderen Aufkleber B. G., Love- Aufkleber die runden Aufkleber und die Kärtchen enthalten sind, wenn ich diesen Betrag nämlich von 47o.7o abziehe, bekomme ich 423.2o heraus. Und jetzt weiß ich nicht welcher Betrag, ob nun 47o.7o oder 423.2o ihnen zusteht. Ich werde irgentwo einige Fehler gemacht haben, aber leider ist dies nicht mehr nachzuprüfen, da wir den Hauptteil der Aufkleber verkauft haben. Und nun möchte ich Sie fragen, welcher der richtige Betrag ist 35.3o oder 82.8o für die ungezählten Aufkleber im Briefumschlag? Für mich ist 35.3o der wahrscheinlichste Betrag, aber wir möchten Sie nicht um irgenteinen Betrag bringen. Bitte schreiben Sie uns doch welches der richtige ist.
Bitte entschuldigen Sie meinen Fehler und die viele Mehrarbeit die Sie durch mich haben. Mit freundlichem Gruß und

Ihr

Auf die Ehrlichkeit meiner Kunden
kann ich zählen

Worin ich mich vielleicht von anderen unterscheide

1. **Zuerst kommt unsere Ehe und Familie, dann kommt eine Weile nix und erst dann kommt mein Laden!**
Ich lebe nicht für meinen Laden, sondern bemühe mich darum, dass der Laden mich ernährt und ich dadurch Freiräume für die Umsetzung von Gottes Willen bekomme. Trotzdem bin ich kein Phantast und Realist genug, zu wissen, dass es leider immer wieder Zwänge gibt, die einen einengen. Ich bemühe mich diese Zwänge sehr gering zu halten.

2. **Ich will nicht wachsen und expandieren, nicht größer werden**
Vor Jahren sagte mir ein Geschäftsführer einer christlichen Firma: „Du könntest mit deinen vielen Adressen und deinem Potenzial viel mehr Umsatz und Gewinn machen." Ich sagte ihm: „Warum sollte ich das? Ich kann doch von dem Gewinn, den ich jetzt mache, leben und meine Familie ernähren. Was will ich denn mehr?" Ich erlebe immer wieder Menschen in Verlagen und Werken, bei denen Ehe praktisch nicht mehr stattfindet, weil sie fast nur noch arbeiten oder arbeiten müssen oder auch arbeiten wollen? Sie haben sich dem Wirtschaftswachstum und einem damit verbundenen Zwang (freiwillig?) unterstellt. Man muss sich entscheiden, ob man diesen Kreislauf mitmacht oder nicht. Und wenn man mitmacht, dann besteht die Gefahr, dass viele in ihrem Geschäft unter- und eingehen – und nicht nur das Geschäft, sondern die Ehe, die Familie, die ganze Persönlichkeit.

Meine Entscheidung ist es, vorrangig für die Familie da zu sein und nicht den maximalen Umsatz zu machen, den ich machen könnte. Ich sehe viele, die gute Geschäfte machen, sehe ihre Häuser und Autos – aber meine Lebensqualität möchte ich nicht tauschen gegen ihre materiellen Güter! Ein Teil meiner Lebensqualität besteht darin, dass ich Dinge tun kann, die ich tun möchte und nicht tun muss! Vielleicht kennt ihr ja die „Anekdote zur Senkung der Arbeitsmoral" von Heinrich Böll. Darin weckt ein Tourist einen Fischer, der in seinem Boot schläft. Er führt ihm eine rosige Zukunft vor Augen, in der der Fischer mit viel Fleiß immer weiter expandiert, bis er schließlich so reich wäre, dass er ruhig am Hafen sitzen, dösen und die Aussicht genießen könnte. „Aber das tu ich ja schon jetzt", sagt der Fischer.

3. Ich versuche, so unbürokratisch wie möglich meinen Laden zu führen.

Nicht vorrangig die Gewinnmaximierung ist mein Ziel, sondern dem Kunden weiterzuhelfen – auch wenn ich natürlich nicht von Luft lebe und Gewinn machen muss um zu überleben. Etwa 20-30% der Kundenanfragen bringen mir keinen Cent, sondern nur Arbeit. Kunden fragen mich z.B. nach Telefon-Nummern, Adressen, bestimmten Texten, CDs, die es in Deutschland nicht mehr gibt, Bücher, die ausverkauft sind, Hintergrundinformationen zu einzelnen Musikern etc.

4. Manchmal gehe ich unkonventionelle Wege.

Wenn ich bei Kirchentagen oder größeren Festivals einen CD- und T-Shirt-Tisch habe und mir zwischendrin mal die anderen Stände anschauen möchte, dann lege ich meine Kasse auf den Verkaufstisch, nehme die meisten Scheine heraus und stelle ein kleines Schild vor die Kasse: *„Selbstbedienung! Scheine reinlegen, Wechselgeld rausnehmen, Kasse schließen. Wer mich beklaut, schädigt nicht mich, sondern sich selbst, denn er muss mit seinem schlechten Gewissen fertig werden, nicht ich."* Natürlich kommt es auch vor, dass man mich bestiehlt, aber bisher lebe ich ja noch, es war noch nie so viel, dass ich daran eingegangen bin.

Auf einer meiner ersten Kataloge (von 1981) steht auf der Coverseite *„Überleg dir, was du bestellst, bestell nicht zu viel! In der 3. Welt leiden viele Menschen an Hunger und wir ziehen uns eine Platte nach der anderen rein und geben das Geld wahllos aus ..."*

In einem anderen Katalog habe ich meinen Kunden den Rat gegeben, erst dann eine CD oder ein Shirt zu bestellen, wenn sie zugleich den gleichen Geldbetrag an sozialen Einrichtung geben könnten. Wer so viel Geld nicht hat, wartet eben mit der Bestellung, bis er den gleichen Betrag noch mal angespart hat. Denn geteilte Freude ist doppelte Freude!!

Briefmarken im Angebot

Es ist schon lange her, dass ein Brief noch 60 Pfennige kostete. Ein Fremder bot mir damals in einem Brief Briefmarken mit 5% Mengenrabatt an, allerdings nur Ein- und Zwei-Pfennig-Marken und ab einer bestimmten Menge. Ein reizvolles aber auch gefährliches Abenteuer, so dachte ich, und ging zum Postschalter, um mich aufklären zu lassen, was es damit auf sich hätte. Die Beamten wussten nichts von der Aktion und rieten mir, die Kripo einzuschalten. Die empfahl mir wiederum, erst einmal testweise eine geringe Menge zu bestellen und sich dann erneut mit ihnen in Verbindung zu setzen.

Am Ende kam heraus: Die Bundespost hatte eine riesige Restmenge von Ein- und Zwei-Pfennig-Marken, die sie nicht loswurde. So startete sie dieses Sonderangebot. Es war also alles koscher und rechtens.

Ein Problem hatte ich trotzdem: Ich hatte mich reichlich mit dem Sonderangebot eingedeckt. Wenn ich allerdings einen Brief verschicken wollte, hatte ich fast keinen Platz mehr für eine Adressenangabe, weil die ganze Vorderseite des Briefes mit Briefmarken beklebt war.

Was habe ich daraus gelernt?
Nicht unbedingt jedes
Sonderangebot annehmen!

Taufheft

Vor langer Zeit habe ich mal ein Heft herausgegeben mit 20 leeren Seiten und dem Titel „Was die Bibel über die Kindertaufe sagt." Ich wollte auf humorvolle Weise die Kindertaufe auf die Schippe nehmen, ohne groß Staub aufzuwirbeln. Etliche Christen, auch einige (evangelische!) Pfarrer bestellten das Heft bei mir und verteilten es in ihrem Freundeskreis. Manchmal fragte jemand ganz irritiert: „Da sind ja nur leere Seiten drin!?" Ich habe dann etwas schelmisch geantwortet: „Ja, das ist ein Arbeitsheft, da kannst du die Bibelstellen eintragen, die du in der Bibel zum Thema Kindertaufe findest ..." Manchmal habe ich auch spaßeshalber gesagt: „Das Heft kann man als Malheft für die Kindertaufe benutzen." Das Heft war etwa 5 Jahre lieferbar. Danach habe ich es nicht mehr nachdrucken lassen.

Zeitsprung: Etwa 15 Jahre später bestellte ein Kunde das Heft plötzlich wieder. Ich fragte ihn erstaunt: „Das Heft gibt es schon lange nicht mehr, wie bist du denn auf das Heft aufmerksam geworden?" Er schrieb „Durch Wikipedia." Ich guckte etwas verdutzt und fand bei Wikipedia wirklich unter dem Stichwort „Kindertaufe" am Ende das Heft mit aufgelistet unter der Rubrik „Literaturhinweis". Das Kuriose: Das Heft stand dort gleich nach der Auflistung von Karl Barths großem theologischen Werk „Die kirchliche Dogmatik", in dem u. a. die Taufe thematisiert wird.

Mittlerweile hat Wikipedia mein Taufheft bei den Literaturhinweisen wieder herausgenommen.

Ob da nicht jetzt was Entscheidendes fehlt?

T-Shirts gegen den Zeitgeist

Immer mehr Jugendliche und Kinder laufen mit T-Shirt-Sprüchen herum, die an Dummheit kaum zu übertreffen sind. „Zicke", „Biest", „Teufels-Braten", „Heul doch!", „Bier unser, das du bist im Glase ...", „Pisten-Huhn", „Abschaum" – das sind nur die „harmlosesten" Texte, mit denen immer mehr Menschen auf ihrem Gegenüber konfrontiert werden.

Solche dummen, negativen und destruktiven Aussagen sollten eigentlich nicht unwidersprochen hingenommen werden. Nicht „Zicke", sondern „von Gott geliebt" ist unsere Botschaft. Und so hat der Missio-Narr und Idee-alist Arno Backhaus aus Calden bei Kassel neue T-Shirt-Motive entworfen, die den menschenverachtenden Sprüchen Kontra bieten sollen. Arno Backhaus: „Wir sind Geschöpfe Gottes, jeder Mensch ist wertvoll und von Gott geachtet, wir dürfen einfach die Straße nicht der Dummheit, den Brutalen und den Kinderverführern überlassen! Ich wünsche mir, dass die neuen T-Shirt-Motive zum Nachfragen provozieren und Gespräche über den Wert und die Liebe Gottes entstehen."

Stammen Sie ruhig vom Affen ab...

...aber bitte benehmen Sie sich nicht so!

Wer **Jesus** als **SCHNEE VON GESTERN** abtut, vergisst, dass er das **WASSER FÜR MORGEN** ist!

Wer mich ärgert, das entscheide immer noch ich!

werTvoll

Bitte habe Geduld!

Gott arbeitet noch an mir...

GOTTES **LIEBE IST UNKAPUTTBAR!**

Es sllo ja rovkomnem dsas Mneschne vesragne udn shchiludg wedren. Nur gtu, dsas Gtot auf unesre Fheler anreds regiaert, asl wri terodtzm und knan sagor egienltcih gewhont snid. Er libet uns Duanrechinder und usenern aus usenerm heresaulsen, dsas wir uns Fehelrn ncoh etienglcih ncah sneier Lebie im Tesifetn wnen das äeußirlch kuam zu snehen, acuh eknrenen ist.

GOTT SEI DANK! WEM DENN SONST?

★ **MAKE** ★
GOD
GREAT AGAIN
★ ★ ★

Ratschläge für Diebe

Ich habe ein autobiografisches Buch über ADHS geschrieben und u.a. darüber berichtet, dass ich als junger Erwachsener viel gestohlen habe, auch die ersten Jahre als Christ noch. Ich erzähle darin, wie ich vom Diebstahl frei wurde und Jahre später die Schäden wieder gutgemacht habe. Eine ältere Frau hatte das Buch gelesen, war begeistert und schrieb einen langen Brief. Darin berichtete sie, dass auch sie in ihrem Leben viel gestohlen habe und auch heute noch bei Verwandten, Freunden und Nachbarn stehle, aber vorwiegend kleine Sachen. Auch Sie wollte gerne frei werden und fragte mich in ihrem Brief, was sie machen solle und welchen Rat ich ihr geben könne. Ich empfahl ihr, den Diebstahl zu gestehen, die Sachen zurückzugeben oder zu bezahlen und um Vergebung zu bitten. Daraufhin bekam ich von ihr einen weiteren Brief, ich möge ihr doch gleich mal eine Rechnung über vier Bücher und zwei T-Shirts schicken, die sie vor einem Jahr auf einem meiner Konzerte am Büchertisch mitgenommen habe. Und sie bitte mich um Vergebung.

Wenn der Geist Gottes weht ...

Während des „Gemeindetages unter dem Wort" 1994 im Siegener Leimbachstadion gab es unter freiem Himmel jede Menge Info- und Verkaufsstände. Auch ich bot Bücher und T-Shirts an. Da für den Tag schönes Wetter vorausgesagt war, hatte kaum ein Stand eine Überdachung. Schlagartig schlug das Wetter jedoch um und es ging ein heftiger Wolkenbruch auf alle

Ausstellungs- und Verkaufsstände nieder. Alle wurden ein Opfer des Sturms, so auch meiner. Jede Menge an Büchern, LPs, MCs, Videokassetten, T-Shirts, Kleinkram und Ausstellungsstände diverser Verlage landeten auf dem Müll.

Bau nicht den Plattentisch auf den losen Sand

Ich war eingeladen, im Rahmen einer Campingkirche ein Konzert in einem Zelt auf Amrum zu geben. Mit meinem Rednerpult, aber auch mit meinem Büchertisch stand ich direkt auf dem Sandboden. Später stellte sich heraus, dass alle Schallplatten durch den leichten Wind im und ums Zelt herum mit feinstem Sand zerkratzt und somit zerstört waren. Wie heißt doch das schöne Lied: „Bau nicht dein Haus auf den losen Sand …"

Hunde-Schokolade

Von einem freundlichen Kunden aus der Schweiz bekam ich eine Sendung mit Puffreis-Schokolade geschickt. Da die Sendung durch das Röntgenbild des Zolls aussah wie eine in Silberpapier verpackte Heroinplatte, biss aus Kontrollgründen ein Zollhund in die Sendung. Und so, siehe Foto, bekam ich die Sendung mit „Bisswunde" und mit dem Aufkleber „Zollamtlich abgefertigt" ausgehändigt.

Neues aus der Gerüche-Küche

Ich rieche gerne Pfeifentabak, rauche aber nicht, weil ich nicht irgendwann an Zungenkrebs leiden möchte. Als ich eines Tages in Darmstadt war, ging ich dort in einen Tabakladen und fragte, ob es ein Gerät gebe, das für mich Pfeifentabak raucht. Der Verkäufer guckte mich etwas schräg an als ob ich ihn auf den Arm nehmen wolle. Als ich ihm den Grund meiner Frage nannte, wirkte er etwas verständnisvoller, konnte mir aber nicht weiterhelfen.

Eine Woche später hielt ich im Erzgebirge einen Vortrag. Bei meiner Vorstellung erzählte ich die Begebenheit aus dem Darmstädter Tabakladen. Am Ende kam der Veranstalter auf die Bühne und überreichte mir als Dankeschön ein Räuchermännchen mit einer Packung Räucherkerzen mit Virginia-Tabak-Aroma.

In der Weihnachtszeit bekam ich nach einer Warensendung einen Brief u. a. mit folgender Frage: „Hallo Herr Backhaus! Wird bei Ihnen im Bauchladen geraucht? Der Brief-Umschlag roch unangenehm. Liebe Grüße Ihre Frau M." Ich habe der Kundin dann folgendermaßen geantwortet:

„Liebe Frau M.! Wir haben ja so gelacht wegen Ihrer Frage nach dem Rauchen. Wir sind alle überzeugte Nichtraucher! Aber wir sind Fans des Erzgebirges und in unserem Büro und Packraum haben wir während der Weihnachtszeit mehrere Räuchermännchen an. Daher der ‚unangenehme' Geruch. Liebe Grüße Arno!"

Kriminelle Machenschaften?

Fehler sind menschlich, aber wehe, wenn ein anderer Fehler macht! Jemand bestellte bei mir zwei Humorbücher. Ich machte beim Versand einen Fehler und schickte die Bücher an eine falsche Adresse. Die Dame, die die Bücher irrtümlich bekommen hat, meldete die Fehllieferung allerdings nicht, sondern ließ alles auf sich beruhen. Nach 6 Wochen schickte ich ihr eine humorvolle und freundliche Zahlungserinnerung. Ich konnte ja nicht wissen, dass die Adresse nicht die des Bestellers war.
Sie beschwerte sich bei mir und unterstellte mir, dass ich die Bücher einfach so an sie geschickt habe, ohne dass sie diese bei mir bestellt habe und das, um auf unredliche Weise Umsatz zu machen. Ich beteuerte, dass ich mich bei der Adresseingabe vertan haben musste, dass es keine versteckte „Umsatzmache" sei, bat um Verzeihung und darum, die Ware auf meine Kosten zurückzuschicken. Das lehnte sie ab und meinte, ich könne die Bücher ja bei ihr abholen (Sie wohnte 200 km entfernt). Daraufhin teilte ich ihr mit, dass sie die Bücher gerne behalten könne – und schickte ihr noch ein weiteres Humorbuch gratis zu. Nur gut, dass Gott anders mit unseren Fehlern umgeht!

Selbstbedienungskasse

Im Rahmen des 4-tägigen Festivals CHRISTIVAL in Kassel 2002 standen in den Messehallen jede Menge Info- und Verkaufsstände. Auch ich hatte einen für meine Bücher und T-Shirts gebucht, obwohl ich auch als Referent und Musiker verplant war. Da ich keine Angestellten hatte, stellte ich meine Selbstbedienungskasse auf. Immer wenn ich keine Vorträge oder Konzerte hatte, kam ich kurz an meinen Stand und leerte die Kasse aus.
Am Samstagabend und Sonntagvormittag konnte ich wegen verschiedener Vorträge nicht mehr an meinen Büchertisch. Als ich am Sonntagnachmittag abbauen wollte, fand ich überrascht eine große leere Messehalle vor. Kein Stand war mehr zu finden, alle waren samt Trennwänden am Sonntagvormittag abgebaut worden. Nur meiner stand noch inklusive der mit T-Shirts voll behangenen Stellwänden einsam und alleine in der großen Messehalle. Beim Zusammenpacken fand ich in der Ecke meine Vertrauenskasse überquellend voller Geldscheine ...

Kasse des Vertrauens
Selbstbedienung
- Kasse öffnen
- Geld rein
- Wechselgeld rausnehmen,
- Kasse wieder schließen
- Kleingeld-Schachtel draußen lassen!!!
Ja nix klauen!!- Gott sieht alles!
Jeder 3. der hier klaut, wird
von mir persönlich geküsst!
2 habe ich schon erwischt."

Weihnachten am 24. Juni

In einem meiner Newsletter veröffentliche ich 2017 eine Nachricht, die natürlich ein Fake war:
Rom (dpo) - Weihnachten 2022 wird bereits im Sommer stattfinden, genauer gesagt am 24. Juni. Mit dieser Entscheidung reagierte Papst Franziskus auf Pläne der FIFA, die Fußball-Weltmeisterschaft in Katar in die Wintermonate zu verlegen. Durch die historische Verschiebung soll gewährleistet werden, dass die Adventszeit, die 2022 bereits am 29. Mai beginnt, besinnlich bleibt und nicht durch den WM-Rummel gestört wird. Papst Franziskus macht dabei vom uralten Recht der Päpste Gebrauch, die Feier der Geburt Jesu Christi im Notfall auf ein geeigneteres Datum zu verlegen (ius diem natalem Domini statuendi); bisher wurde dieses Privileg lediglich von Gregor IV. im Jahre 831 angewandt, um eine terminliche Kollision mit seinem 20. Hochzeitstag zu vermeiden. „Wir wollen nicht riskieren, dass Weihnachtslieder von Fußball-Fan-Gesängen übertönt werden", erklärte ein Sprecher des Vatikan heute. „Auch, wenn Weihnachten und Winter für uns in Europa eigentlich zusammengehören, beugen wir uns in diesem Fall ausnahmsweise einer höheren Macht – der FIFA." Die Entscheidung des Pontifex, Weihnachten auf den 24. Juni 2022 vorzuverlegen, ruft geteilte Reaktionen hervor: Während sich insbesondere Kinder auf die verkürzte Wartezeit zwischen den Weihnachtsfeiertagen 2021 und 2022 freuen – freilich ohne zu bedenken, dass der Abstand zu Weihnachten 2023 umso größer ausfallen wird –, muss der Einzelhandel mit den Weihnachtsvorbereitungen bereits vor Ostern beginnen und fürchtet Einbußen durch die Doppelbelastung. Betreiber von Weihnachtsmärkten,

die nach eigenen Angaben problemlos auf erfrischenden, kalten Glühwein umrüsten können, begrüßten hingegen die Entscheidung. Die Tannenbaumindustrie wiederum tüftelt bereits an einer Züchtung, die „grünt nicht nur zur Winterzeit – nein, auch im Sommer, wenn's nicht schneit". Vorwürfe, Papst Franziskus, der als großer Fußball-Fan gilt, wolle mit Hilfe der Verschiebung nur die Spiele in Ruhe genießen, ohne sich in den Halbzeitpausen auf Adventsmessen vorbereiten zu müssen, hat das Kirchenoberhaupt vehement zurückgewiesen.."

Dass manche Kunden nicht unterscheiden können zwischen Ironie und Wahrheit, und man manchen Leuten den letzten Unsinn „verkaufen" kann, zeigte sich daran, dass ein Kunde fragte, ob das wirklich stimme, was ich schreibe, und wenn ja, ob ich eine Quelle nennen könnte.

Sag mir deinen Namen – und ich sage dir, wie du heißt.

Verrückte Namen

Wenn Kunden, Bekannte, Unbekannte usw. mir oder meiner Frau schreiben, kommt es immer wieder vor, dass die Namensangabe nicht stimmt. Richtig wären folgende Versionen gewesen:
- Arno Backhaus
- Hanna Backhaus

- Hanna & Arno Backhaus
- Arnos Bauchladen
- Arno Backhaus & Andreas Malessa

Hier eine kleine Auswahl von Namen, die bei uns auf Postsendungen bisher angekommen sind:

- Hanne & Arne Backhaus
- Arno & Andreas Backhaus
- Herrn und Frau Arno & Andreas Backhaus
- Hanna und Frau Backhaus
- Herrn und Frau Arno Backhaus
- Herrn Pfarrer Arno Backhaus
- Herrn Arno Bauchladen
- Frau Arno Bauchladen
- Arnos Buchladen
- Arno Bauchladen
- Herrn Johanna Backhaus
- Arnus Bauchladen
- Arnos Backladen
- Arnos Bauchlad
- Arnos Kaufladen
- Arnos Bachladen
- Arnulf Bauchladen
- amos buchladen
- Arons Buchladen
- Annos Bauchladen
- Ernos Buchladen
- Arno Beckhans
- Hanno Backhaus
- Arne Backhaus
- Aron Backhaus
- Arno Badehaus

- Firma Johanna Backhaus
- Frau Buckhaus
- Hallararno Backhaus
- Backhouse
- Nackhaus
- Backbaus
- Backhans
- Backhals
- Bauhaus
- Bockhaus
- Sackhaus
- Beckhans
- Bauchlad

Auch schön: Ich war in Flein bei Heilbronn zu einem Männerbrunch. Der ehemalige Geschäftsführer der Firma KNORR stellte mich vor: „Herr Backhaus war früher bei der Gruppe ‚Andreas & Malessa'."

Jungschar mit Arno

Das ist ja Bombe!

Vor einiger Zeit habe ich bei uns im Wald mit der Jungschar ein Waldspiel durchgeführt. Jedes Kind bekam eine Liste von Gegenständen, die sie in einer bestimmten Zeit finden mussten, z. B. eine Kastanie, den längsten Grashalm, Papier, eine Distel, etwas Rotes, eine Brennnessel, Plastik, Moos, etwas aus Metall etc. Alle strömten aus und suchten nach den gesuchten Gegenständen. Nach einer Weile kam ein Kind und brachte eine Spreng-Granate aus dem 2. Weltkrieg an. Sie lag neben einem Baum, etwas unter dem Laub verdeckt, halb verrostet, aber noch scharf. Der Kampfmittelräumdienst musste kommen, um die Bombe zu entschärfen. Was war ich froh, dass sie nicht vorzeitig zündete!

Ganz schön abgefahren!

Wir fuhren mit 16 Kindern aus unserer Jungschar aus der Nähe von Kassel nach Lorch am Rhein. Auf der Rückfahrt mussten wir in Frankfurt Hauptbahnhof umsteigen. Ich bereitete die Kinder darauf vor, dass wir zusammenbleiben und uns beeilen müssten. Keiner sollte vorlaufen und falls wir uns verlaufen, wollten wir uns am Bahnsteig 4 einfinden. Dort fuhr der Zug nach Kassel ab.
Alles klappte, wir stiegen ein, der Zug fuhr los. Im Zug zählte ich nochmal durch, und stellte mit Schrecken fest,

dass ein Kind fehlte. Es zeigte sich, dass Michael nicht da war, ausgerechnet ein Kind mit Herzklappenfehler. Ich ging sofort zum Zugbegleiter und erzählte ihm davon und sagte, dass ich bei der nächsten Station – Handys gab es damals noch nicht – dringend mit der Bahnhofspolizei in Frankfurt sprechen müsse, ob ein Kind aufgefunden worden war. Er möge doch so lange den Zug anhalten. Nach 45 Minuten erreichten wir endlich die nächste Station. Ich stieg aus und nahm Kontakt mit der Frankfurter Bahnhofspolizei auf. Die Beamten beruhigten mich und sagten, dass das Kind gefunden worden sei und sich schon im nächsten Zug nach Kassel befände. Ein Stein fiel mir vom Herzen und ich eilte wieder zum Bahnsteig. Doch: Der Zug war ohne mich abgefahren! Und mit ihm 15 Kinder, die nun einzig von einem 13-jährigen ahnungslosen Mitarbeiter betreut wurden. Weder er noch die Eltern, die ihre Kinder am Bahnhof abholten, wussten, was genau passiert war. Als ich in den nächsten Zug nach Kassel einstieg, sah ich Michael etwas verschüchtert in einer Ecke sitzen. Er erzählte mir, dass er die schnellere Abkürzung zu Gleis 4 durch die Unterführung genommen und uns am Bahnsteig nicht gefunden hatte. So war er wieder zurückgegangen und als er erneut zu Gleis 5 kam, war der Zug schon weg.

Von allen Sorgen die ich mir machte, sind die meisten nicht eingetroffen.

Hochwasser mit Tiefgang

Zu Ostern gab es in unserer Gegend jede Menge Unwetter. Die „Warme", ein kleiner Bach in der Nähe unseres Dorfes, führte Hochwasser. Das inspirierte mich zu der glorreichen Idee, eine Hochwasser-Wildwasser-fahrt zu veranstalten. Ich rief ein paar ältere Jungs aus meiner Jungschar an und wir starteten mit drei Schlauchbooten das Abenteuer. Weder die Kinder noch ich hatten irgendwelche Bootserfahrungen. Erst einmal wollte ich den Kindern zeigen, wie man in ein Boot steigt, ohne zu kentern und rutschte vor allen Kindern ins kühle Nass. Als erfahrener Nicht-Bootsbesitzer hatte ich natürlich überhaupt keine Ahnung von deren Gebrauch – und noch weniger vom Umgang mit Strömungen.

Am Anfang funktionierte mein Experiment noch und machte allen Spaß. Aber unsere Boote wurden immer schneller und manövrierunfähiger durch die unerwartet starke Strömung des angeschwollenen Baches. Alle drei Boote landeten nach und nach mit hoher Geschwindigkeit in Ästen von Bäumen, die das

Der Gipfel des Ruhms ist, wenn man seinen Namen überall findet, nur nicht im Telefonbuch.

Hochwasser mitgerissen hatte. Die aufgepumpten Schlauchboote hatten alle irreparable Löcher und alle Kinder landeten im eiskalten Wasser. Auch außerhalb des Wassers war es alles andere als angenehm warm. Klitschnass und zitternd vor Kälte mussten wir einige Kilometer querfeldein zu Fuß den Weg nach Hause suchen. Und alles ohne Handys, die gab es nämlich damals noch nicht.

Frech gefragt – eiskalt gewonnen

Für meine Jungschargruppe hatte ich mir ein besonderes Stadtgeländespiel in Kassel ausgedacht. Eine der Aufgaben war es, zu einer bestimmten Eisdiele am Ende der Fußgängerzone zu gehen und um eine gratis Kugel Eis zu bitten. Einen Tag vorher ging ich dorthin und gab dem Besitzer 50 € als Anzahlung. Er sollte so tun, als schenke er den Kindern je eine Kugel. Zugleich würde er aber eine Strichliste führen und am Folgetag mit mir abrechnen
Das Geländespiel war ein voller Erfolg. Jedes Kind hatte ein Eis und ich freute mich über meinen guten Plan. Als ich am nächsten Tag zur Eisdiele kam, sagte mir der Eisverkäufer, dass keines der Kinder bei ihm gewesen sei. Wie konnte das sein? Eine Woche später fragte ich die Kinder. Bis ans Ende der Fußgängerzone zu gehen, war ihnen zu weit gewesen, sodass sie ihre Frage bei einer anderen Eisdiele gestellt hatten. Und dort hatte tatsächlich jedes Kind eine Gratis-Kugel bekommen – die ich nicht bezahlen musste.

Glaub nicht allen Entführungen

Nahe unseres Heimatortes zeltete ich mit zehn Jungscharlern im Wald. Damals war das noch problemlos möglich – wild zelten und mitten im Wald! Nachts um 2 Uhr weckte mich Matthias. Er stand im Zelt mit der Taschenlampe im Zelt und sagte: „Thomas ist weg!" Ich leuchte sofort auf den Schlafplatz von Thomas und sah ihn ruhig und friedlich schlafen. Matthias hatte geträumt und phantasiert.

Um 6 Uhr in aller Früh, weckte mich Matthias erneut: „Jetzt ist Thomas wirklich weg!" Ich schaute nach und sah, dass der Schlafsack von Thomas leer auf der Luftmatratze lag. Matthias erzählte, dass ein Autofahrer Thomas entführt habe. Wie elektrisiert blickte ich über die etwa 300 Meter breite Lichtung und sah ein Auto aus dem Wald in Richtung Dorf fahren. Ich schwang mich auf mein Motorrad, raste über eine Parallelstraße zum Dorf und auf der gegenüberliegenden Seite wieder heraus, kam nun dem Auto entgegen, stellte mich quer, um das Fahrzeug aufzuhalten und – machte Bekanntschaft mit dem Förster.

Ich atmete tief durch. Auf meine Frage, ob er ein Kind gesehen habe, sagte er ja, das habe dort im Wald gespielt. Mir fiel ein Stein vom Herzen und ich erklärte dem Förster meine Aufregung. Matthias hatte nicht nur in der Nacht phantasiert, sondern auch am Morgen. Da aber etwas realistischer. Später stellte sich heraus, dass Thomas sehr früh wach geworden war. Ihm war langweilig gewesen und er war schon mal im Wald herumgestromert.

Ganz persönlich

Ich soll die Frau loslassen?

Ich war in Kassel und sah eine Frau aus einer Diskothek rennen mit den Worten: „Ich bringe mich um!" Ich ging zu ihr und wollte sie von dem Vorhaben abbringen, aber ohne Erfolg. Sie sagte, dass sie sich von einer Brücke werfen werde. Ich ging hinter ihr her. Als sie in einen Bus stieg, folgte ich ihr. An einer bestimmten Bushaltestelle stieg sie aus. In der Nähe führte eine Brücke über eine stark befahrene Bundesstraße. Sie ging auf die Brücke – ich auf ihren Fersen – und wollte über die Brüstung klettern. Ich hielt sie fest, aber sie wehrte sich massiv. Teilweise lagen wir auf der Erde und rangen miteinander, weil ich sie nicht losließ. Aus der Sicht der Autofahrer musste es so ausgesehen haben, als ob oben auf der Brücke eine Frau vergewaltigt würde. Es gab auch schon die ersten Autofahrer, die nach oben schrien: „Lassen Sie die Frau los!" Ich schrie hinunter: „Holen Sie die Polizei!" Endlich nach 10 Minuten kam ein Streifenwagen, und ich konnte der Polizei den Fall schildern und die Sache aufklären.

Und nicht vergessen:
Zu Lebzeiten schon mal den Löffel abgeben

Mein rechtes Brillenglas war an einer bestimmten Stelle immer leicht verkratzt. Und das bei jeder neuen Brille. Meine Frau war etwas genervt und ermahnte mich,

ich solle doch etwas pfleglicher und vorsichtiger mit meinen Brillen umgehen. Irgendwann fiel jemandem in unserem Hauskreis auf, dass ich immer, wenn ich aus einer große Tasse Kaffee oder Tee trank, den kleinen Löffel in der Tasse ließ, und dieser meine Brille jedes Mal an der gleichen Stelle verkratzte.

Was lerne ich daraus? Dass ich also auch zu Lebzeiten schon hin und wieder mal meinen Löffel abgeben muss ...

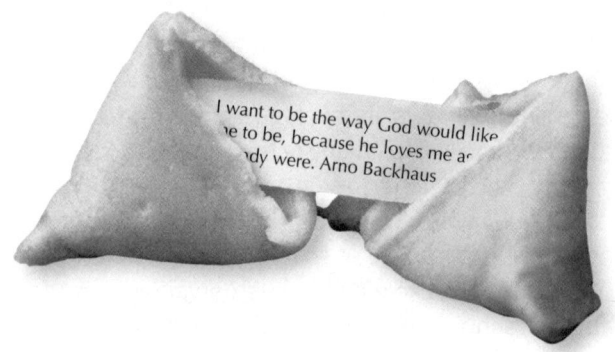

Arno Backhaus im Glückskeks

Ein Kunde machte in Fulda in einem China-Restaurant einen Glückskeks auf und fand überraschend darin einen meiner Sprüche: *„I want to be the way God would like me to be, because he loves me as if I already were. Arno Backhaus"* (deutsch: „Ich möchte so sein, wie Gott mich haben will, weil er mich so liebt, als wäre ich es schon." Arno Backhaus) Wer es „geschafft" hat, in chinesischen Glückskeksen zitiert zu werden, der hat es im Leben doch schon ganz schön weit gebracht, oder??!

Der Mensch lebt nicht vom Brot allein

Ein Kunde von mir teilte mir mit, dass mein Name „Arno Backhaus", gemeinsam mit einem Brot, überall in Witten im Ruhrgebiet – ca. 200 km von unserem Wohnort entfernt – auf großflächigen Werbebannern zu sehen sei. Die Bäckereikette Graßhoff Backhaus GmbH & Co. KG aus Witten hat ein Brot entwickelt, dass sie „Arno" genannt hat. So prangte mein Vor- und Nachname überall in Witten auf Werbeflächen. Der Inhaber kannte mich nicht. Ich schickte ihm einige Bücher von mir und er bedankte sich mit einem Brot und einen Leinensack mit meinem Namen.

Die Welt ist kleiner als man denkt

Zwei Zimmermannsanwärter besuchten die Zimmermanns-Schule in Kassel. Auf der Suche nach einem Hauskreis stießen sie auf unseren Hauskreis in Calden und kamen während der Ausbildungszeit regelmäßig zu uns. Nach der Meisterprüfung ging einer der beiden in die Mission nach Brasilien und half dort, im Urwald Häuser für die Missionsstationen aufzubauen. Eines Tages fiel er vom Dach und verletzte sich schwer. Er wurde sehr behelfsmäßig auf einer Holzbohle festgebunden, die auf dem Dach eines VW-Käfers befestigt wurde. Auf diese Weise wurde er ins nächste Krankenhaus nach Rio de Janeiro gebracht. Soweit Teil 1 der Geschichte.

Teil 2: Ein Manager der Firma VW arbeitete im Werk Baunatal bei Kassel und ging in die dortige Baptistengemeinde. Ich kannte ihn von christlichen Veranstaltungen und der Zusammenarbeit an verschiedenen Projekten. Er wurde versetzt ins VW-Werk Rio de Janeiro. Als Christ suchte er sich eine ehrenamtliche Beschäftigung und entschied sich, im Krankenhaus Besuche abzustatten. In diesem Zusammenhang kam er „zufällig" in das Krankenzimmer unseres verletzten Zimmermanns. Sie stellten erstaunen fest, dass sie beide Deutsche waren und unterhielten sich darüber, was sie machten, woher sie kamen. In diesem Zusammenhang fiel auch der Name „Arno Backhaus". Da fingen beide an zu lachen.

Beleidigte Kamele

Im Neukirchener Kalender war einer meiner Sprüche vertreten: *„Jesus ist wie eine Oase in der Wüste, nur Kamele ziehen weiter. Arno Backhaus".*

Daraufhin schrieb ein Leser mir: *„Wie der Spruch gemeint ist, habe ich schon verstanden. Aber er ist falsch! Die Kamele ziehen weiter, weil es ihre Aufgabe ist, von Gott erteilt. Sie tragen ihre Lasten durch die Wüste, nur sie können durch Wüsten ziehen, machen in der Oase halt, saufen sich voll mit Wasser, und weiter geht's – die Karawane zieht weiter und bringt die Fracht von Kairo nach Timbuktu (zum Beispiel). Ich will's nicht übertreiben, aber das war eine Beleidigung der Kamele!"*

Dass man mittlerweile auch Kamele beleidigen kann, war mir ganz neu. Weiß gar nicht, ob die Kamele das auch so sehen ...

> Wer immer arbeitet wie ein Pferd, fleißig ist wie eine Biene, und müde ist wie ein Hund, der sollte zum Tierarzt gehen, vielleicht ist er ein Kamel.

Ökumenische Stroh-Christen?

Einer meiner Aufkleber klebte an meinem Auto: „Lächeln" mit Hinweis auf Sprüche 15,30 („Ein freundliches Antlitz erfreut das Herz; eine gute Botschaft labt das Gebein.") Daraufhin bekam ich einen Kommentar an die Windschutzscheibe geheftet:

„Überhebliche, gedankenlose, hochmütige Aussage. So dumm können nur ökumenische Stroh-Christen reden. Was gibt es zu lächeln in dieser brutalen Menschheit, wo alles verlogen ist? Schaffe die Seligkeit mit Furcht und Zittern. Fernsehen, Internet, Handys – das alles sind Vorboten zur Neuen Welt-Diktatur. Diese Geräte sind Teufelswerkzeuge. Hüte dich vor den Medien, Angeberei und Lächeln. Echte wahre Christen gibt es wenige! Die muss man suchen, wie eine Stecknadel im Heuhaufen. Freundliche Grüße A."

Auf diesen Kommentar passt doch glatt eine meiner Straßenaktionen unter dem Motto „Man kann sich den ganzen Tag aufregen, man ist aber nicht verpflichtet dazu!"

Einfach bombig

In unserem Haus wohnte mal eine Mieterin, die mit einem jungen Mann befreundet war, der außerhalb wohnte. Im Laufe der Freundschaft gab es zwischen den beiden heftigen Streit, den wir aber gar nicht mitbekamen. Eines Morgens wurden wir von einem fürchterlichen Knall geweckt. Was war passiert? Der Freund hatte eine kleine Bombe im Auto seiner Freundin installiert, die mit dem Anzünder verbunden war. Als die Freundin am frühen Morgen zur Arbeit fahren wollte, drehte sie ahnungslos den Schlüssel und zündete nicht nur den Motor, sondern zugleich die Bombe. Zum Glück ist nur Sachschaden am Auto entstanden und keiner verletzt worden. Die Kripo hat daraufhin Ermittlungen in die Wege geleitet. Natürlich ging nicht nur das Auto in die Brüche, sondern auch die Beziehung.

Wallfahrt

Unser Nachbar kam in mein Büro im Hinterhof und fragte mich etwas irritiert, ob bei uns jemand gestorben sei? Ich sagte: „Warum fragst du?" „Ja, vor eurem Haus singen ein paar Leute."
Neugierig ging ich in unser Schlafzimmer und schaute aus dem Fenster. Da sah ich den katholischen Priester mit 10 weiteren Personen vor unserem Haus mit einem fahrbaren Altar und allem was dazugehört. Sie sangen, beteten und schwangen ein Weihrauchfass. Leicht verwirrt machte ich ein paar Fotos. Ob das die neuen missionarischen Methoden der katholischen Kirche waren, um Mitglieder zu gewinnen?
Später stellte sich heraus, das dies eine Wallfahrt mit Flurprozession zu Christi Himmelfahrt war. Im katholischen Online-Magazin „Kirche und Leben" las ich:
„Wallfahrt im heutigen Sinn meint, dass Menschen aus der gewohnten häuslichen Umgebung aufbrechen, um neue Erfahrungen zu machen in der Anstrengung des Weges,

der Stille, des Gebetes, der Meditation, des Gespräches mit anderen, die ebenfalls ‚auf dem Weg' sind zu einem ‚Gnadenort', wie die Christen sagen."

Da war ich beruhigt: Unser Haus, oder wenigstens der Vorhof ist ein „Gnadenort". Was will man eigentlich mehr?!

Arno Backhaus

live erlebbar seit 1950, verheiratet seit 1972,
3 erwachsene Kinder, 9 Enkel, wohnt in einem
Mehrgenerationenhaus in Calden bei Kassel.
Seit mehr als 50 Jahren selbst- und ständig unterwegs
im In- und Ausland mit Konzerten (bis 1991 im Duo
„Arno & Andreas"), Ehe- und ADHS-Seminaren,
Vorträgen und evangelistischen Straßenaktionen.
Kreativer Autor, Spieleerfinder und T-Shirt-Drucker
mit eigener Versandhandlung „Arnos Bauchladen".
Engagierter Mitgründer der
Christusgemeinde am Airport.

Kleiner Erste-Hilfe-Koffer

62 aufbauende Bibelverse
Nicht immer ist alles im Lot. Mal ist man erschöpft, mal mutlos, mal traurig ... Gut, wenn man dann diesen kleinen „Notfall-Koffer" zur Hand hat. Er hält hilfreiche biblische Mutmacher für herausfordernde Gefühlslagen bereit. Wie eine kleine Hausapotheke präsentieren 62 Kärtchen im Medikamentenschachtel-Design Bibelworte, die tröstend und erfrischend in die Situation sprechen.
Bestell-Nr.: 1573

Survival-Kit

62 ermutigende Bibelverse
Das Leben ist ein Abenteuer. Und Abenteuer besteht man am besten mit der richtigen Ausrüstung – dem nötigen Proviant oder dem geeignetem Werkzeug, mit dem man auf jede Situation reagieren kann. Das Survival-Kit im rustikalen Holzkisten-Design hält all das in Form von essentiellen Bibelversen bereit. Verschenken Sie diese originelle (Über-)Lebenshilfe voller Wegweisung und Ermutigung an alle, denen Sie etwas Gutes tun möchten.
Bestell-Nr.: 1575

Liebesbriefe von Gott

62 liebevolle Bibel-Impulse
Bibelverse, frei formuliert als persönliche Liebesbriefe von Gott, berühren und schenken neue Kraft im Alltag.
62 Karten in charmanter Retro-Postkarten-Optik.
Bestell-Nr.: 1576

Ungelöste Rätsel sind eine Herausforderung.
Wer könnte widerstehen, die Lösung zu suchen? Doch wer knobelt, setzt sich zugleich intensiv mit einer Sache auseinander. Und das ist genau die Idee dieser Bücher! In jeweils 52 Rätselgedichten und abwechslungsreichen Knobeleien laden sie ein, gedanklich bei einem Bibeltext oder einem biblischen Thema zu bleiben – bis zum Aha-Moment und darüber hinaus. Wie schnell finden Sie die Lösung? Rätseln Sie mit!

Jana Schumacher
52 Rätselandachten
Impulse und raffinierte
Knobeleien rund um
die Bibel
Broschiert, 112 Seiten,
13,5 x 20,5 cm.
ISBN 978-3-8429-1309-7

Jana Schumacher
52 neue Rätselandachten
Impulse und raffinierte
Knobeleien rund um
die Bibel
Broschiert, 112 Seiten,
13,5 x 20,5 cm.
ISBN 978-3-8429-1310-3